3단어로 말문을 트는 **할리우드 영어표현**

3단어로 말문을 트는
할리우드 회화 표현

지은이 | 강홍식
펴낸이 | 김원진
편집주간 | 김이수
책임편집 | 이종관
편집기획 | 한승오 · 박남주
마케팅 | 이동준 · 김창규 · 강지연
본문디자인 · 편집 | 하람커뮤니케이션
표지디자인 | 이창욱
인쇄 | 중앙 P&L
제본 | 대흥제책
펴낸곳 | 윈타임즈
출판등록 | 제10-2458호(2002.9.10)

초판 1쇄 인쇄 | 2005년 7월 11일
초판 1쇄 발행 | 2005년 7월 18일

주소 | 121-840 서울시 마포구 서교동 397-2
전화 | (02)335-6132
팩스 | (02)325-5607
E-mail | wintimes@sidaew.co.kr

ISBN 89-90384-14-1 13740
값 8,900원

ⓒ 2005, 강홍식, Printed in Korea.

· 잘못된 책은 바꾸어 드립니다.
· 저자의 허락없이 무단 전재나 복제를 금합니다.

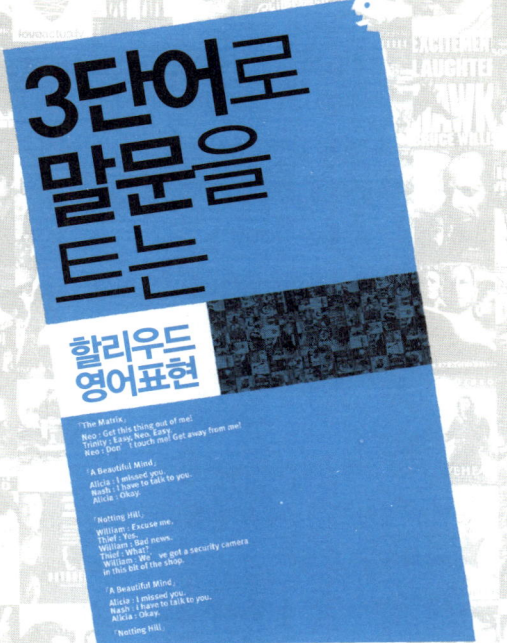

3단어로 말문을 트는
할리우드 영어표현

강홍식 지음

WINTIMES

들어가는 말

영어와 친해지기

우리나라에서는 자의든 타의든 많은 사람들이 영어 공부에 목을 매고 있다. 영어에 관심이 있어서든 진학이나 취업에 필요해서든 영어를 잘하기 위해서는 영어를 진심으로 대해야 한다. 그래야만 영어와 좀더 친숙해지고 영어의 본질을 파악할 수 있기 때문이다. 그러지 못하고 마지못해 형식적으로 영어에 매달리고 겉돌기만 한다면 영어 공부의 길은 멀고도 험하기만 할 것이다.

우리나라 사람들은 영어를 하는 데 있어 이상한 강박관념에 사로잡혀 있는 듯하다. 괜히 간단하게 표현할 수 있는 것도 문법과 구문에 얽매여 완전무결하고 긴 문장으로 표현해야 그럴 듯해 보인다는 착각에 빠져 있는 듯하다. 그건 아마 학교에서 배운 영어 공부의 영향이 아닌가 싶다. 문법과 작문을 강조한 옛날 식 영어 교육이 짧고 간단한 표현들은 뭔가 좀 모자란다는 느낌을 가지게 만든 것이다. 그 때문에 십 수 년 동안 영어를 공부하고도 외국인을 만나면 입이 얼어버리게 마련이다.

실제 영미인들도 일상 회화에서는 쓸데없이 긴 문장은 잘 사용하지 않는다. 그저 한 마디, 또는 두세 마디로 할 수 있는 표현이 있으면 그 표현을 더 선호한다. 오히려 간단하게 표현할 수 있는 걸 길게 표현하려고 하면 듣는 쪽이나 말하는 쪽이나 오히려 더 불편해지기 때문이다. 따라서 문장을 길게 늘여 말하는 것보다 짧은 표현을 적재적소에 활용하는 것이 영어를 유창하게 구사하는 길이다.

이 책은 위의 두 가지 취지에서 기획되었다. 먼저 소재를 영화로 선택한 것은 영화가 그나마 독자들에게 친숙하게 다가갈 수 있는 소재라고 생각되었기 때문이다. 많은 사람들이 영화를 좋아하고 즐기니까 영화 대사를 통해 영어 학습을 하면 영어에 좀더 친숙해질 수 있을 것이라고 생각했기 때문이다. 즉, 영어 공부에 있어서 첫 번째 조건, '영어와 친해지기'를 좀더 쉽게 할 수 있도록 영화라는 소재를 선택한 것이다.

두 번째는 짧고 간단한 표현으로 세련된 영어를 구사하는 길잡이가 되었으면 하는 바람에서 한 단어, 두 단어, 세 단어 표현을 다룬 것이다. 할리우드 영화에서 사용되는 표현들은 바로 미국의 일상 생활에서 사용되는 살아 있는 표현들이다. 이렇게 미국의 일상 생활에서 빈번히 사용되는 짧은 표현들을 가지고 영어를 공부한다면 영어에 대한 부담도 크게 줄어들 것이고, 어렵기만 하던 영어가 한결 쉬워지는 느낌이 들 것이다. 그리고 이것은 또한 영어와 친숙해질 수 있는 또 다른 방법이 될 수도 있을 것이다.

영어 공부, 이제 너무 부담스럽고 어렵게만 생각하지 말길 바란다. 영어, 그까짓 거 쉬운 것부터 차근차근 격파해나가면 그렇게 어려운 것도 아닐 것이다.
원효대사가 해골바가지에 든 물을 먹고 깨달음을 얻었듯 독자 여러분도 이 책을 통해 영어에 대한 깨달음을 얻기를 바란다.

2005년 5월 강홍식

Life is filled with goodbyes
What is being punished is not your actions but your intentions
Today is the first day of the rest of your life
For the first time in my life, I know what I want to do
The key to a woman's heart is an unexpected gift at an unexpected time
When women get breasts, they look sexy, when men get breasts, they look old

Living English Expression in 10,000 Movies 3단어로 말문을 트는 **할리우드 회화 표현**

들어가는 말 ··· *4*
영화에서 뽑은 명대사 50 ··· *10*

Part I 한 단어로 끝내는 할리우드 영어 표현 ··· *20*

Unit 001	Why? ··· *22*		Unit 016	Freeze! ··· *37*
Unit 002	Guess. ··· *23*		Unit 017	Hello ··· *38*
Unit 003	What? ··· *24*		Unit 018	Morning ··· *39*
Unit 004	What? ··· *25*		Unit 019	Understand? ··· *40*
Unit 005	Okay ··· *26*		Unit 020	Alright ··· *41*
Unit 006	Congratulations ··· *27*		Unit 021	Nervous? ··· *42*
Unit 007	Smoke? ··· *28*		Unit 022	Good ··· *43*
Unit 008	Can't ··· *29*		Unit 023	Sure ··· *44*
Unit 009	Name? ··· *30*		Unit 024	Sorry ··· *45*
Unit 010	Easy ··· *31*		Unit 025	Perfect ··· *46*
Unit 011	Bullshit! ··· *32*		Unit 026	Really ··· *47*
Unit 012	Where? ··· *33*		Unit 027	Absolutely ··· *48*
Unit 013	Attention! ··· *34*		Unit 028	Thanks ··· *49*
Unit 014	Pardon? ··· *35*		Unit 029	Huh! ··· *50*
Unit 015	Never ··· *36*		Unit 030	Done?(=Finished?) ··· *51*

한 단어로 끝내는 기타 표현 ··· *52*

Part II 두 단어로 끝내는 할리우드 영어 표현 ··· 56

Unit 001	What happened? ··· 58	Unit 016	Since when? ··· 73
Unit 002	How many? ··· 59	Unit 017	Not yet ··· 74
Unit 003	Go ahead ··· 60	Unit 018	Wanna bet? ··· 75
Unit 004	I promise ··· 61	Unit 019	Trust me ··· 76
Unit 005	Do what? ··· 62	Unit 020	Fair enough! ··· 77
Unit 006	Try again ··· 63	Unit 021	Thank you ··· 78
Unit 007	Guess what? ··· 64	Unit 022	Be carefully ··· 79
Unit 008	Not really ··· 65	Unit 023	I disagree ··· 80
Unit 009	What kind? ··· 66	Unit 024	Excuse me ··· 81
Unit 010	Me too ··· 67	Unit 025	How much? ··· 82
Unit 011	Damn it! ··· 68	Unit 026	How much? ··· 83
Unit 012	I know ··· 69	Unit 027	Shut up! ··· 84
Unit 013	Good luck! ··· 70	Unit 028	Why not? ··· 85
Unit 014	That's impossible ··· 71	Unit 029	Me, too ··· 86
Unit 015	What for? ··· 72	Unit 030	Not bad ··· 87

두 단어로 끝내는 기타 표현 ··· 88

Living English Expression in 10,000 Movies 3단어로 말문을 트는 **할리우드 회화 표현**

Part III 세 단어로 끝내는 할리우드 영어 표현 ··· 92

Unit 001	Is that necessary? ··· 94	Unit 016	Oh, my God! ··· 109
Unit 002	What's your name? ··· 95	Unit 017	Want some gas? ··· 110
Unit 003	I'm still hungry ··· 96	Unit 018	What's the catch? ··· 111
Unit 004	I've had enough ··· 97	Unit 019	Do you understand? ··· 112
Unit 005	How about you? ··· 98	Unit 020	Same to you ··· 113
Unit 006	Where's the fire? ··· 99	Unit 021	How's it going? ··· 114
Unit 007	I don't care ··· 100	Unit 022	Got a minute? ··· 115
Unit 008	I can't sleep ··· 101	Unit 023	Own or rent? ··· 116
Unit 009	What's the matter? ··· 102	Unit 024	Wanna prove it? ··· 117
Unit 010	You're under arrest ··· 103	Unit 025	Couldn't be better ··· 118
Unit 011	Be my guest ··· 104	Unit 026	What is it? ··· 119
Unit 012	Where you going? ··· 105	Unit 027	I'm a bum ··· 120
Unit 013	See you later ··· 106	Unit 028	Good for her ··· 121
Unit 014	How'd it go? ··· 107	Unit 029	Leave me alone! ··· 122
Unit 015	You look fine ··· 108	Unit 030	Take it easy ··· 123

세 단어로 끝내는 기타 표현 ··· 124

Part IV 기타 유용한 할리우드 표현들 ··· 128

CONTENTS

Life is filled with goodbye
What is being punished is not your actions but your intentions
Today is the first day of the rest of your life
what I want to do
The key to a dream should be unexpected but an unexpected time

Today is the first day of the rest of my life.

영화에서 뽑은 명대사 50

01. I love you even when you're sick and look disgusting.
난 네가 아프고 정나미가 떨어져 보일 때도 널 사랑해.
『Love Actually』 중에서

02. A good plan today is better than a perfect plan tomorrow.
오늘의 훌륭한 계획이 내일의 완벽한 계획보다 더 좋은 거야.
『The Edge』 중에서

03. Life is filled with goodbyes.
인생은 수많은 이별로 가득 차 있지.
『Eve's Bayou』 중에서

04. What is being punished is not your actions but your intentions.
너의 행위를 처벌하는 게 아니라 너의 의도를 처벌하는 거야.
『The Gate of Heavenly Peace』 중에서

05. Today is the first day of the rest of your life.
오늘은 당신에게 남은 인생의 첫날입니다.
『American Beauty』 중에서

06. For the first time in my life, I know what I want to do.
내 평생 처음으로 난 내가 뭘 하고 싶은지 알았어.
『Dead poet's society』 중에서

07. The key to a woman's heart is an unexpected gift at an unexpected time.
여성의 마음을 사로잡는 열쇠는 예기치 않은 시간에 예기치 않은 선물을 해주는 거야.

『Finding Forrester』 중에서

08. When women get breasts, they look sexy, when men get breasts, they look old.
여자가 가슴이 나오면 섹시에 보이지만 남자가 가슴이 나오면 늙어 보여.

『3rd Rock from the Sun』 중에서

09. The more one talks, the less the words mean.
사람이 말을 많이 할수록 말의 의미는 적어지지.

『Vivre Savie: Film en douze tableaux』 중에서

10. You're not the only lonely man. Being free always involves being lonely.
당신이 유일하게 외로운 남자는 아니야. 자유롭다는 것은 언제나 외로움을 수반하는 거지.

『Tanin no kao』 중에서

11. Only grown-up men are scared of women.
성인 남자들만이 여자들을 무서워 해.

『The Sound of Music』 중에서

영화에서 뽑은 명대사 50

12. To be in chains is sometimes safer than to be free.
    묶여 있는 것이 때로는 자유로운 것보다 더 안전하지.
    『Le Proces』 중에서

13. All men are guilty, they're born innocent but it doesn't last.
    인간은 모두 죄인이야. 죄 없이 태어나지만 오래 가지는 않지.
    『Le, Cercle rouge』 중에서

14. Everybody ends up dead. It's just a matter of when.
    언제냐가 문제일 뿐이지 누구나 죽게 되어 있어.
    『Last Man Standing』 중에서

15. We all know this deal is as certain as death and taxes.
    이 거래가 죽음과 세금만큼 확실하다는 것을 우리 모두 알고 있어.
    『Meet Joe Black』 중에서

16. It's better to have loved and lost than never to have loved at all.
    사랑을 해보고 잃는 것이 전혀 사랑을 해보지 않는 것보다 낫지.
    『Men in Black』 중에서

17. I figure marriage is kind of like Miami: it's hot and stormy, and occasionally a little dangerous.
    난 결혼이 좀 마이애미와 같다고 생각해. 결혼은 뜨겁고 격렬하고 때론 좀 위험하잖아.
    『Miami Rhapsody』 중에서

18. The only way to get rid of temptation is to yield to it.
    유혹을 없애는 유일한 방법은 유혹에 굴복하는 거야.
    『A Man of No Importance』 중에서

19. Some write with words, others with silence.
    말로 쓰는 사람들도 있고 침묵으로 쓰는 사람들도 있지.
    『Jaya Ganga』 중에서

20. Don Giovanni slept with thousands of women because he was afraid he wouldn't be loved by one.
    Don Giovanni가 수천 명의 여자와 잔 것은 한 여자가 그를 사랑하지 않을까 봐 두려웠기 때문이었지.
    『The Tao of Steve』 중에서

21. Gary, this is a dangerous mission. If you happen to get captured, suicide may be the more humane option.
    게리, 이 작전은 위험해. 혹시 자네가 사로잡히면 자살하는 게 좀더 인간적인 선택이 될 수도 있어.
    『Team America: World Peace』 중에서

영화에서 뽑은 명대사 50

22. There's a lot to learn from losing.
    패배에서도 배울 것은 많아.
    『Team Wolf』 중에서

23. God made men. Men made slaves.
    신은 인간을 만들었고, 인간은 노예를 만들었지.
    『The Ten Commandments』 중에서

24. Mr. McKussic, it seems, has been engaged in his business for purely romantic reasons, whilst you have been engaged in romance for purely business reasons.
    McKussic 씨는 순전히 사랑 때문에 사업을 해온 것처럼 보이고, 반면에 당신은 순전히 사업 때문에 사랑을 해온 것처럼 보입니다.
    『Tequila Sunrise』 중에서

25. For the sake of our friendship, I'd better not answer.
    우리의 우정을 위해 답변하지 않는 편이 좋겠어.
    『A Terrible Beauty』 중에서

26. A man spends the first half of his life trying to figure women out, and the second half trying to forget what he's learned.
    남자는 인생의 반은 여자를 이해하는 데에 보내고 나머지 반은 그가 배운 것을 잊어버리는 데에 보낸다.
    『A Texas Funeral』 중에서

27. Oh, Nicky, I love you because you know such lovely people.

　　오, 니키, 난 널 무척 좋아해. 그 이유는 네가 아주 멋진 사람들을 알고 있기 때문이야.

　　　　　　　　　　　　　　　　　　　『The Thin Man』 중에서

28. On second thought, God's awfully busy.

　　다시 생각해보니까, 신이 몹시 바쁘시네.

　　　　　　　　　　　　　　　　　　『The Three Musketeers』 중에서

29. You're rich, but I'm free.

　　넌 부자지만 난 자유로워.

　　　　　　　　　　　　　　　　　　『Three - Extremes』 중에서

30. Our society cannot condone men who take the law into their own hands.

　　우리 사회는 임의로 제재를 가하는 남자들을 용납해서는 안 됩니다.

　　　　　　　　　　　　　　　　　　『A Time to Kill』 중에서

31. There's one thing worse than dying here and that's living here.

　　여기에서 죽는 것보다 더 나쁜 한 가지가 있는데 그건 바로 여기에서 사는 겁니다.

　　　　　　　　　　　　　　　　　　『Timeline』 중에서

영화에서 뽑은 명대사 50

32. Don't admire people too much, they might disappoint you.
   사람들을 너무 동경하지 마라. 그들이 당신을 실망시킬 수도 있으니까.
   『Ordinary People』 중에서

33. Nobody's above the law.
   법 위에 군림하는 사람은 없다.
   『Phantom Soldiers』 중에서

34. You can't make an omelette without breaking some eggs.
   희생을 치르지 않고는 소기의 목적을 이룰 수가 없어.
   『Batman』 중에서

35. If we can't beat them, we might as well keep our pride.
   우리가 그들을 이길 수 없다면, 자존심이라도 지키는 게 낫지요.
   『D 2: Mighty Ducks』 중에서

36. As long as you lose like a winner, it doesn't matter, because you did it with dignity.
   네가 승자처럼 지는 한 지는 것은 중요하지 않아. 왜냐하면 너는 품위 있게 졌기 때문이야.
   『Over the Top』 중에서

37. A man reaches a certain age when he realizes what's truly important.
남자는 어떤 나이에 이르면 무엇이 진정으로 중요한지를 깨닫는다.
『Meet the Fockers』 중에서

38. Pride never buttered any bread.
자존심이 밥 먹여주지 않아.
『Stella』 중에서

39. Men look for a woman that is a lady at the table and a slut in bed.
남자들은 식탁에서는 요조숙녀를 원하고 침대에서는 창녀를 원해.
『Sexo, pudory lagrimas』 중에서

40. Never trust a man after midnight.
자정 이후에는 남자를 믿지 마라.
『Revenge』 중에서

41. Sex is the quickest way to ruin a friendship.
섹스는 우정을 깨뜨리는 가장 빠른 길이야.
『Reality Bites』 중에서

42. Money is a means to an end. Sex is that end.
돈은 목적을 위한 수단이고 섹스가 목적이야.
『The Theory of Flight』 중에서

영화에서 뽑은 명대사 50

43. Rules rules rules.
    규칙이 규칙을 규제해.
    『ALF』 중에서

44. Speed is important in business. Time is money.
    사업에서는 속도가 중요해. 시간은 돈이거든.
    『Volunteers』 중에서

45. The truth is a dead man's secret.
    진실은 죽은 자의 비밀이야.
    『Vortex』 중에서

46. What's worth doing is worth doing for money.
    할 만한 가치가 있는 것은 돈 때문에 할 만한 가치가 있다는 거야.
    『Wall Street』 중에서

47. God uses the good ones. The bad ones use God.
    신은 좋은 사람들을 이용하고 나쁜 사람들은 신을 이용하지.
    『Fools' Parade』 중에서

48. We became rich later than I expected. Now I'm too old to enjoy my money.
    우린 예상보다 늦게 부자가 되었어. 지금은 너무 늙어 내 돈을 즐길 수 없어.
    『The Kids are Alright』 중에서

49. Beauty fades eventually, but a kind soul remains forever.
    아름다움은 결국 시들게 되지만 고운 마음씨는 영원해.
    『Kronos』 중에서

50. Good health is the most important thing. More than success, more than money, more than power.
    건강이 가장 중요해. 성공보다, 돈보다, 권력보다 중요한 거야.
    『Godfather Part II』 중에서

Part 1

한 단어로 끝내는 헐리우드 영어 표현

Mr. McKussic, it seems, has be

I love you even when you're sick and look disgusting.
A good plan today is better than a perfect plan tomorrow.
Life is filled with goodbyes.
What is being punished is not your actions but your intentions.
Today is the first day of the rest of your life.
For the first time in my life, I know what I want to do.
The key to a woman's heart is an unexpected gift at an unexpected time.
When women get breasts, they look sexy, when men get breasts, they look old.
The more one talks, the less the words mean.
You're not the only lonely man. Being free always involves being lonely.
Only grown-up men are scared of women.
To be in chains is sometimes safer than to be free.
All men are guilty, they're born innocent but it doesn't last.
Everybody ends up dead. It's just a matter of when.
We all know this deal is as certain as death and taxes.
It's better to have loved and lost than never to have loved at all.
I figure marriage is kind of like Miami: it's hot and stormy, and occasionally a little dangerous.
The only way to get rid of temptation is to yield to it.
Some write with words, others with silence.
Don Giovanni slept with thousands of women because he was afraid he wouldn't be loved by one.
Gary, this is a dangerous mission. If you happen to get captured, suicide may be the more humane option.
There's a lot to learn from losing.
God made men. Men made slaves.
n his business for purely romantic reasons, whilst you have been engaged in romance for purely business reasons.
For the sake of our friends… d better not answer.
n spends the first half of his life trying to figure women out, and the second half trying to… w…   learned
Oh, Nicky, I lo…   because you …   …y people
On second …   …us…

Our society cannot c…   d…   who
There's on…   in…   th…
Don't adm…   a…

You can't…   …ele…
If we c…   them,…
As long as you lose like a winner, i…   t matt…
A man reaches a certa…   e whe…

Men look for a wo…
…st a man a… midnight

Unit 001

왜?

Why?

Source | 『Killing Zoe』(킬링 조이)
제작연도 | 1994년
감독 | Roger Avary

✼ Dialog

Zed	: So you like me?
Zoe	: Yes.
Zed	: **Why?**
Zoe	: Because you're a good person.

Zed	그러니까 나를 좋아한다는 말이지?
Zoe	응.
Zed	왜?
Zoe	넌 좋은 사람이니까.

✼ And More

Why?는 **Why do you like me?**를 줄여서 한 단어로 표현한 것이다.
원래 because는 종속접속사이기 때문에 문법적으로는 단독으로 문장을 이룰 수 없지만 영화 등의 구어에서는 because절(부사절)만으로 자연스럽게 대화를 형성하는 경우가 많다.
그리고 because는 발음할 때 /(비)커:즈/로 be 발음을 아주 약하게 발음해야 한다.

✼ Adaptation

Because he is a nice man.

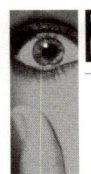

맞혀 봐.

Guess.

Source | 『Scream』 (스크림)
제작연도 | 1996년
감독 | Wes Craven

✽ Dialog

| Casey | : Where are you! |
| Man | : **Guess.** |

| Casey | 어디 있는 거예요? |
| Man | 맞혀 봐. |

✽ And More

Guess는 **Guess where I am**을 줄여서 한마디로 표현한 것이다. Where are you?(당신 어디 있어요?)라는 물음에 대한 대답이기 때문에 where I am이 생략되었다는 걸 짐작할 수 있다. 상대가 뭘 물었느냐에 따라 뒤에 생략된 내용은 달라진다.
그리고 "여기가 어디예요?"라고 물을 때 Where is here?라고 하지 않고 Where are we?, Where am I?라고 해야 한다.

✽ Adaptation

Guess what I got.   내가 뭘 갖고 있는지 맞혀봐.

Unit 003 무슨 일인데?

What?

Source | 『Ace Ventura』 (에이스 벤츄라)
제작연도 | 1994년
감독 | Tom Shadyac

❋ Dialog

Reporter 1	: So, where's Snowflake?
Podacter	: Ah ... Snowflake is just, ah, not available right now.
Reporter 1	: Come on, I'm supposed to get a shot of his new trick for the evening news
Reporter 2	: **What?** Is he sick?

Reporter 1	그래서 Snowflake는 어디 있죠?
Podacter	아… Snowflake는, 그러니까, 지금 여기에 없어.
Reporter 1	이봐요, 난 그의 새로운 재주를 찍어 저녁 뉴스에 내보내야 해요.
Reporter 2	무슨 일이죠? 그가 아픈가요?

❋ And More

Snowflake를 도둑맞고 난 뒤 그를 뉴스에 내보내야 하는 기자들이 Podacter에게 그의 행방을 묻는 장면이다.

What?은 **What happened?, What's the matter?** 정도의 뜻으로서 "무슨 일 있어요?" "왜 그래요?"를 간단하게 표현한 것이다.

〈be supposed to + 동사원형〉은 회화에서 자주 쓰이는 기본구문이다. 발음할 때 '암 써포우스 투'로 발음해서 I는 /아/만 발음하고 supposed는 끝 자음 d 발음을 내지 않아야 한다.

❋ Adaptation

| Is he rich? | 그 사람 부자니? |
| Is he trustworthy? | 그 사람 신뢰할 만해? |

Unit 004

뭐가요?

What?

Source | ⟨Notting Hill⟩ (노팅 힐)
제작연도 | 1999년
감독 | Roger Michell

✽ Dialog

William	: Excuse me.
Thief	: Yes.
William	: Bad news.
Thief	: **What?**
William	: We've got a security camera in this bit of the shop.

William	저기요.
Thief	예.
William	안 됐군요.
Thief	뭐가요?
William	저희 가게엔 감시 카메라가 있거든요.

✽ And More

서점을 경영하는 남자 주인공 William이 책을 훔치는 광경을 목격한 후 손님에게 다가가 말을 주고받는 장면이다.

What?은 **What is the bad news?** (뭐가 안 됐다는 겁니까?)를 줄여서 한 단어 What? 으로 표현한 것이다.

Excuse me는 모르는 사람에게 말을 걸 때 쓰는 표현이지만 화장실에 가기 위해 자리를 뜰 때 쓸 수도 있고, 그냥 "실례합니다"라는 뜻도 있다. 그리고 Excuse me? 하고 끝을 올리면 "다시 한 번 말씀해주세요"라는 뜻이 된다.

✽ Adaptation

security guard   경비원

Unit 005

좋아, 알았어, 괜찮아

Okay

Source | 『A Beautiful Mind』 (뷰티풀 마인드)
제작연도 | 2001년
감독 | Ron Howard

❋ Dialog

Alicia	: I missed you.
Nash	: I have to talk to you.
Alicia	: **Okay**.

Alicia	보고 싶었어.
Nash	당신에게 할 얘기가 있어.
Alicia	좋아.

❋ And More

영화를 보면 '보고 싶어하다'라는 뜻의 miss가 참 자주 나오는데 연인들이나 가족들 중 한 명이 오래간만에 만나서 I missed you(나 너 보고 싶었어)라고 말하면 대개 Me too(저도요)라고 대답하곤 한다.
〈S + have to + 동사원형〉(S는 ~해야 한다)는 기본 회화 구문이기 때문에 입에서 바로 튀어나와야 할 패턴이다.

❋ Adaptation

I've been missing you.   나 너 보고 싶었어.

Congratulations

축하해요.

Source | 『Forrest Gump』(포레스트 검프)
제작연도 | 1994년
감독 | Robert Zemeckis

✽ Dialog

Kennedy : **Congratulations.**
How does it feel to be an All-American?
Forrest : I gotta pee.

Kennedy 축하하네. 대표선수가 된 기분이 어떤가?
Forrest 오줌 마려워요.

✽ And More

포레스트가 미국 대표 선수가 되어 Kennedy 대통령을 만나는 장면이다. 대통령이 악수를 하며 인사를 건네자 Forrest만 엉뚱한 대답을 하고 있다.

Congratulations 다음에는 on your promotion(승진), on your success(성공), on your new bride(새 신부)와 같은 말이 생략된 표현이다.

몇 달 전 한 배우가 얘기 도중에 친구에게 '이건 너의 피야'라고 말하는 걸 들었는데 아마 fee(수고비)였을 것이다. 그런데 발음 상으로는 pee(오줌) 또는 pea(완두콩)로 발음하더군요. 우리나라 사람들의 상당수가 p와 f 발음을 구분하지 못하는 경향이 있는데 잘못 발음하면 이상한 말이 되니 주의하세요!

✽ Adaptation

Condolences   조의를 표합니다

Unit 007

담배 피우세요?

Smoke?

Source | 『Reservoir Dogs』(저수지의 개들)
제작연도 | 1996년
감독 | Quentin Tarantino

✽ Dialog

Mr. White	:	**Smoke?**
Mr. Pink	:	**I quit.**
Mr. White		담배 피우십니까?
Mr. Pink		끊었어요.

✽ And More

White는 총상을 입은 Orange를 데리고 창고로 피신하지만 끝내 숨을 거두고, Pink가 와서 둘이 대화를 나누는 장면이다.
위 대사와 같이 한 단어를 끝만 좀 올려서 간단하게 표현할 수 있는 것들이 많다. Smoke?는 완전한 문장이 되려면 Do you smoke?가 되어야 한다.

✽ Adaptation

Married?	결혼하셨습니까?
Children?	애기 있습니까?
Finished?	끝냈습니까?
Coffee?	커피하시겠습니까?

Unit 008

Can't

할 수 없어요.

Source | 『Rain Man』 (레인 맨)
제작연도 | 1988년
감독 | Barry Levinson

❋ Dialog

Charlie	: Will you give me a break with this?
Raymond	: **Can't.**
Charlie	: Ray, stop it!

Charlie	그것 좀 그만할 수 없어?
Raymond	그럴 수 없어.
Charlie	레이, 그만 해!

❋ And More

Charlie가 전화로 Lenny와 심각한 대화를 나누고 있는 동안 Raymond가 TV를 보며 떠들자 Charlie가 화를 내는 장면이다.
Can't은 **I can't stop**을 줄여서 한 단어로 표현한 것이다. give me a break는 관용적인 표현으로 '그만해라, 좀 봐 줘' 등의 뜻으로 자주 쓰이는 표현이다.
과속으로 경찰에게 딱지를 떼이는 상황에서도 Give me a break(좀 봐주세요)와 같이 쓸 수 있고, 할머니가 엄마에게 야단맞는 손녀를 편들 때도 Give her a break(그만 좀 야단쳐라)라고 할 수 있다.

❋ Adaptation

Don't   하지 마!

Unit 009

이름은?

Name?

Source | 『48 Hours』(48시간)
제작연도 | 1982년
감독 | Walter Hill

❋ Dialog

Luther	: I want to pick up my car.
Attendant	: Name?
Luther	: Hammond.
Attendant	: This is three years old.
Luther	: Yeah, I've been busy.

Luther	내 차를 가져가고 싶어요.
Attendant	성함이?
Luther	Hammond예요.
Attendant	3년이나 된 거네요.
Luther	예, 그동안 바빴어요.

❋ And More

Hammond가 3년 전에 주차장에 세워두었던 차를 찾아가는 장면이다.
What's your name?이나 What's your address?에서 name과 address를 끝만 살짝 올려 표현할 수 있다.
여기에서는 pick up이 '가져가다'라는 뜻이지만 pick up은 실생활에서 문맥에 따라 10여 가지의 의미로 쓰인다.
토플 LC에서는 '(기숙사의 방을) 정돈하다', 토익 LC에서는 '누구를 데리러 가다', CNN 뉴스에서는 '(범인을) 연행하다', 백화점에서는 '(물건을) 구입하다', 경제뉴스에서는 '(회복 속도가) 빨라지다', 교육학에서는 '(습관을) 익히다' 등으로 쓰인다.

Unit 010

진정해, 조심해

Easy

Source | 『The Matrix』(매트릭스)
제작연도 | 1999년
감독 | Larry & Andy Wachowski

❋ Dialog

Neo	: Get this thing out of me!
Trinity	: **Easy**, Neo. Easy.
Neo	: Don't touch me! Get away from me!

N대	이것 좀 빼줘.
Trinity	진정해, 네오. 좀 진정해.
Neo	나 건드리지 마! 저리 가!

❋ And More

Morpheus에게 Matrix의 세계에 대한 이야기를 듣고 믿을 수 없다고 하며 자신의 목 뒤에 연결된 플러그를 제거하려는 장면이다.

위와 같이 Easy는 상황에 따라 "진정해"라는 뜻으로 쓰일 수도 있고, "조심해"라는 뜻으로도 쓰일 수 있다.

Get this thing out of me!는 /갯 디:씽 아우러(브) 미/로 발음해야 한다. 이유는 this의 s와 thing의 th가 유사 발음이라 s가 th에 동화되고 out of는 두 단어가 연음되면서 t는 r로 유화된다. 그리고 미국인들은 일반적으로 of의 /브/발음을 안 낸다.

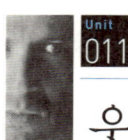

Unit 011

Bullshit!

웃기지 마! 개소리 하지 마! 말도 안 돼!

Source | 『Die Hard』 (다이하드)
제작연도 | 1988년
감독 | John McTiernan

✲ Dialog

McClane	: Al, you were my rock. I couldn't have made it without you.
Powell	: Bullshit.
McClane	: I'm serious.
McClane	알, 당신밖에 없소. 당신이 없었으면 성공할 수 없었을 거야.
Powell	웃기는 소리 하지 마쇼.
McClane	정말이라니까.

✲ And More

McClane이 악당을 소탕하고 건물 밖으로 나와 처음으로 Powell을 직접 대면하는 장면이다.

Bulllshit은 미국 영화를 보면 가장 많이 들을 수 있는 표현이다. 직역하면 '황소 똥'이지만 미국인들은 "웃기지 마" "말도 안 돼" "집어 쳐" "헛소리 하지 마"라는 뜻으로 bullshit을 사용한다. 친한 친구들이 월요일 점심시간에 만나 주말에 있었던 일을 얘기하던 중 한 친구가 좀 과장해서 떠벌리면 Bullshit!이라고 말할 수 있다.

발음할 때는 /불쉩/으로 발음하여 shit의 i발음을 /애/에 가깝게 발음해야 자연스런 발음이 된다.

Unit 012

Where

어디에, 어디로, 어디에서

Source | 『Back to the Future』(백 투더 퓨처)
제작연도 | 1985년
감독 | Robert Zemeckis

✽ Dialog

Brown	:	Marty, you've gotta come back with me.
Marty	:	**Where?**
Brown	:	Back to the future.

Brown	마티, 나와 함께 돌아가야 해.
Marty	어디로?
Brown	미래로.

✽ And More

영화의 마지막 장면이다. Brown이 Marty에게 함께 미래로 돌아가자고 하는 장면이다. 위와 같이 의문사 한 단어로 표현할 수 있는 단어들이 여러 개 있다. Who?(누구?), How?(어떻게?), When?(언제?), Why?(왜?), What(뭐?) 등이 있는데 영화에서 가장 많이 쓰이는 의문사는 What?인 듯하다.
where가 의문사로 쓰이지 않고 CNN 뉴스 같은 데서 관계부사로 쓰이면 그 때는 희미하게 지나가기 때문에 청취훈련을 많이 해보지 않은 학생들은 대부분 놓치기 쉽다.

Unit 013 Attention!

주목해주세요! 안내 말씀드립니다! 차렷!

Source | 『Rocky』
제작연도 | 1972년
감독 | John G. Avildsen

✽ Dialog

Announcer : Attention, please! **Attention!** Ladies and gentlemen, tonight we have had the rare privilege to have witnessed the greatest exhibitions of stamina and guts ever in the history of sports.

Announcer 주목해주세요! 신사 숙녀 여러분, 오늘밤 우리는 스포츠 역사상 최고의 체력과 끈기를 보여준 경기를 관람하는 보기 드문 특권을 누렸습니다.

✽ And More

Rocky와 Apollo의 경기가 끝나고 장내 아나운서가 Rocky의 투지에 찬사를 보내는 장면이다.

원래는 Pay attention to me가 되어야겠지만 그냥 Attention!으로 "주목!" "알려드릴 게 있습니다" "차렷!"을 표현할 수 있다. 초, 중, 고 때 선생님이 들어오시면 반장이 "차렷, 경례"를 하는데, 그걸 영어로 하면 Attention! Bow(목례하다)가 된다. '거수경례하다'는 salute이다.

Attention!은 /(어)탠션/으로 첫 모음이 약하게 발음되어 귀가 약한 독자들에게는 tension (긴장) 같이 들릴 수 있다.

Pardon?
다시 한 번 말씀해주시겠습니까? 뭐라고 말씀하셨죠?

Source | 『Ghost』(사랑과 영혼)
제작연도 | 1990년
감독 | Jerry Zucker

❊ Dialog

Ferguson	: Well, how would you like that?
Oda Mae	: Tens and twenties.
Ferguson	: **Pardon?**
Sam	: Cashier's check, tell him a cashier's check.

Ferguson	그럼, 어떻게 드릴까요?
Oda Mae	10달러와 20달러짜리로 주세요.
Ferguson	뭐라고 말씀하셨죠?
Sam	자기앞수표, 자기앞수표라고 말해.

❊ And More

유령이 된 Sam이 영매인 Oda Mae와 함께 은행에 가서 Carl의 돈을 빼돌리는 장면이다. 400만 달러나 되는 돈을 10달러와 20달러짜리 지폐로 달라고 하니 Sam이 황급히 수표로 달라고 하라고 말하고 있다.
I beg your pardon? 또는 Beg your pardon?으로 끝을 올려 말하면 죄송합니다만 "다시 한 번 말씀해주세요"라는 뜻인데 줄여서 Pardon?이라고 한 마디로 표현한다. 영어가 모국어가 아닌 우리들은 영어가 완벽하지 않기 때문에 누구든 한 동안은 이 표현을 많이 쓸 수밖에 없고, 그건 영어정복으로 가는 자연스런 과정이다. I beg your pardon을 끝을 내려 발음하면 "용서해주세요"라는 뜻이다. cashier's check은 banker's check으로도 표현할 수 있다.

Unit 015

전혀 안 해요?

Never

Source | 『Buffy, the Vampire Slayer』 (뱀파이어 해결사)
제작연도 | 1992년
감독 | Fran Rubel Kuzui

❋ Dialog

Angel	:	So you don't think about the future?
Buffy	:	No.
Angel	:	**Never?**
Buffy	:	No.
Angel	:	You really don't care what happens a year from now? Five years from now?

Angel	그래서 미래에 대해 생각하지 않는다는 말씀이세요.
Buffy	예.
Angel	전혀 안 하신다는 말씀이세요?
Buffy	예.
Angel	당신 정말 1년 후 5년 후에 무슨 일이 일어나든지 전혀 신경 쓰지 않는다는 말씀이세요.

❋ And More

이 밖에 "아무 것도 아냐" "하나도 없어" "아무도 없어"라는 표현을 하고 싶으면 Nothing, None, Nobody를 쓰면 된다.

Never ever가 되면 never의 강조형이 되어 '결단코'라는 뜻이 된다. 바람둥이 남자가 조신한 여자에게 Will you marry me? (결혼해 주시겠습니까?)라고 했을 때 여자가 Never ever로 대답하면 "꿈 깨, 자식아"라는 뜻이 되겠다.

Unit 016

Freeze!

꼼짝 마!

Source | 『Batman Forever』 (배트맨 포에버)
제작연도 | 1995년
감독 | Joel Schumacher

✽ Dialog

SWAT Leader : **Police! Freeze!**
Two-Face : **Not the guest list we had in mind. Boys, the party's over.**

SWAT Leader 경찰이다! 꼼짝 마!
Two-Face 우리가 생각한 목록에 없는 손님들이군. 제군들, 파티는 끝났다.

✽ And More

이 표현은 일상회화에서 '얼다' '결빙하다'라는 뜻으로 쓰이지만 액션 영화나 스릴러 영화 등에서 경찰이 이 말을 썼다면 십중팔구 "꼼짝 마!"라는 뜻이다. 미국인과의 대화에서 이 말을 쓸 일은 없겠지만 액션 영화를 좋아하는 영화팬이라면 이 표현은 꼭 알아두는 게 좋다.
Police! Freeze! 다음에는 대개 "총 내려 놔!" "무기 버려!"라는 뜻의 Drop the gun!, Drop the weapon!, Put the gun down!과 같은 대사가 이어진다.

Unit 017

안녕하세요, 안녕, 여보세요

Hello

Source | 『Legends of the Fall』(가을의 전설)
제작연도 | 1994년
감독 | Edward Zwick

✣ Dialog

Tristan	: Hello, Alfred.
Alfred	: Hello, Tristan. Now, who's this young man?
Tristan	: This is Samuel.
Little Samuel	: **Hello**.
Alfred	: Hello, Samuel.

Tristan	안녕하쇼, 알프레드 형.
Alfred	잘 있었니, 트리스탄. 그런데 이 어린 아이는 누구지?
Tristan	사무엘이야.
Little Samuel	안녕하세요.
Alfred	안녕, 사무엘.

✣ And More

간단하게 Hello를 이용해서 "안녕하세요"를 표현할 수 있는데 영어회화에 자신이 없는 독자들은 이렇게 간단한 기본표현에서도 더듬거리기 쉽다. 전화할 때만 Hello!를 쓰는 게 아니다. 필자도 아는 미국인을 만나면 이 표현을 많이 쓰는데 독자 여러분도 꼭 How are you?나 Good Morning 같은 표현들만 고집하지 말고 Hello나 Hi 같은 간단한 표현을 쓰도록 하자.

Unit 018 Morning

안녕하십니까?

Source | 『You've Got Mail』 (유브 갓 메일)
제작연도 | 1998년
감독 | Nora Ephron

✽ Dialog

George	: **Morning**.
Christina	: Are you On Line?
George	: As far as I'm concerned, the Internet is just another way to be rejected by a woman.
George	안녕.
Christina	온라인이에요?
George	내게 있어서는 인터넷이 여자에게 차이는 또 하나의 길일 뿐이죠.

✽ And More

정확하게 말하자면 Good Morning이지만 가까운 사이끼리는 Good을 빼고 Morning만으로 인사를 하기도 한다. 그러니까 저녁 때 만나서 인사할 때도 역시 Good을 빼고 Evening이라고 할 수 있다. Good은 마음속으로 소리 안 나게 발음한다고 할 수 있다.

여자가 남자를 찰 때 쓰는 말로 jilt가 있다. 반면 남자가 여자를 찰 때는 dump를 쓴다. 예를 하나 들면, I was dumped by that son of bitch(나 그 자식한테 차였어)가 된다. '이혼하다'는 숙어로는 get a divorce이다.

Unit 019

알아들었니?

Understand?

Source | 『Murder in the First』(일급살인)
제작연도 | 1995년
감독 | Marc Rocco

✤ Dialog

Hankin	: I don't care if you're holed up with Rita Hayworth. **Understand?**
James	: Yes, sir.
Hankin	: Good!
Hankin	자네가 리타 헤이워드와 함께 있었다고 해도 난 상관 않네. 알겠나?
James	알겠습니다.
Hankin	좋아!

✤ And More

원래는 Do you understand?가 되어야겠지만 이렇게 간단하게 표현할 수 있다. 비슷한 표현으로 Agreed?가 있는데 끝을 약간 올려서 발음하면 "동의합니까?"라는 뜻이 된다.
hole up은 '(경찰을 피해) 숨어 있다' '동면하다'라는 비교적 어려운 숙어이다. 범인이 경찰을 피해 지하 주차장 같은 곳에 '숨어 있다'라는 뜻으로 많이 쓰이기 때문에 영어 뉴스에서는 자주 볼 수 있는 표현이다.
그리고 Do you understand? 대신에 You got it?을 써도 된다.

Unit 020

그러죠, 알았어요

Alright

Source | 『Legends of the Fall』(가을의 전설)
제작연도 | 1994년
감독 | Edward Zwick

✱ Dialog

Susannah	: This is Fin. He's a champion. Aren't you, Fin?
Alfred	: You, you like exotic looking dogs then, Miss Fincanan?
Susannah	: Very much, Mr. Ludlow. Please call me Susannah.
Alfred	: **Alright.**

Susannah	이 개는 핀이에요. 챔피온이랍니다. 그렇지 않니, 핀?
Alfred	당신은… 당신은 이국적으로 생긴 개를 좋아하는군요, 핀캐넌 양?
Susannah	아주 많이요, 러드로우 씨. 수잔나라고 불러주세요.
Alfred	그러죠.

✱ And More

우리말에서도 "그러죠" "알았어요" "알겠어요"를 시도 때도 없이 쓰듯이 미국인들도 이 표현을 입에 달고 다닐 정도로 많이 쓴다.

champion은 동사형으로 쓰이면 '옹호하다'라는 뜻이 되고, 명사형으로 쓰일 때의 축약형은 champ다.

⟨Call + 목적어 + 목적보어⟩는 자주 쓰이는 기본구문이다. 필자의 별명은 '귀뺑'인데, "사람들은 나를 귀뺑으로 부른다"라고 하면 「People call me '귀뺑'」이라는 문장이 만들어진다.

Nervous?

긴장돼요?

Source | 『Airplane』(에어플레인)
제작연도 | 1980년
감독 | Jim Abrahams

✽ Dialog

Hanging Lady :	**Nervous?**
Ted Striker :	Yes.
Hanging Lady :	First time?
Ted Striker :	No, I've been nervous lots of times.

Hanging Lady 긴장돼요?
Ted Striker 예.
Hanging Lady 처음이에요?
Ted Striker 아뇨, 긴장해본 적이 많았습니다.

✽ And More

처음으로 비행기를 타게 된 Ted가 옆 좌석의 부인과 대화를 나누는 장면이다.
원래는 Are you nervous?지만 이렇게 감정표시 형용사들은 끝을 가볍게 올리면서 한 단어로 간단하게 표현할 수 있다.
유사한 예를 들면, Scared?(겁나니?) Tired?(피곤하니?) Jealous?(질투 나니?) Thirsty?(갈증 나?) Hungry?(배고프니?) 등이 있다.

Unit 022

좋아요.

Good

Source | 『Armageddon』 (아마겟돈)
제작연도 | 1998년
감독 | Michael Bay

✽ Dialog

A.J. : I figured out how to bring up the slag. Direct the jet turbine's exhaust down the drill pipe. It'll blow the stuff right up the hole.

Harry : Good, A.J. Good.

A.J. 슬래그를 끌어올릴 방법을 알았어? 제트 터빈의 배기구를 아래의 드릴 파이프를 향하게 해. 그러면 슬래그를 구멍으로 날려버릴 거야.

Harry 좋아, A.J. 좋아.

✽ And More

지구로 돌진하는 소행성에 핵폭탄을 설치할 구멍을 뚫는 작업을 하는 중에 슬래그 때문에 애를 먹고 있다. 그때 A.J.가 해결책을 제시하는 장면이다.

Good 대신에 Fine, Great, Wonderful, Fantastic, Terrific 등이 나올 수도 있다.

〈figure out how to 동사원형〉은 '…하는 방법을 알아내다(파악하다)'라는 뜻으로 꼭 익혀야 할 기본 문형이다.

drill은 /드뤼얼/ 또는 /쥬뤼얼/로 발음한다. 미국인들은 단어가 ill로 끝나면 l 앞에서 아주 약하게 /(어)/ 발음을 살짝 집어넣어 발음한다. 중요한 발음 기술이니까 꼭 기억해두기 바란다.

Unit 023

Sure

그래요, 그러죠, 물론이죠, 좋아요, 그럼요

Source | 『Love Actually』(러브 액츄얼리)
제작연도 | 2003년
감독 | Richard Curtis

✲ Dialog

Sarah	: Would you just excuse me one second?
Karl	: **Sure.**
Sarah	잠시만 기다릴래요?
Karl	그러죠.

✲ And More

Sure는 문맥에 따라 위와 같이 "그래요" "그러죠" "물론이죠" "좋아요" "그럼요" 등으로 쓰이니까 문맥에 따라 잘 이해해야 한다. 아마 미국 영화에서 가장 많이 쓰이는 표현이라고 할 수 있을 것이다. 참고로 Are you sure ...는 '...를 확신합니까?' I'm sure ...는 '...를 확신합니다'로 역시 많이 쓰이는 기본 구문이다.

Sorry

죄송해요

Source | 『Love Actually』 (러브 액츄얼리)
제작연도 | 2003년
감독 | Richard Curtis

✤ Dialog

Carol	: **Sorry**.
Daniel	: That's okay. My fault.
Carol	: No, really, it wasn't.
Carol	죄송해요.
Daniel	괜찮아요. 제 실수예요.
Carol	아니에요. 그렇지 않아요.

✤ And More

fault가 들어가는 표현은 It's not your fault(네 잘못이 아니야), It's not my fault(내 잘못이 아니야)와 같이 부정문으로 더 많이 쓰이는 듯하다.

it wasn't는 발음에 주의해야 한다. /이뤄즌(트)/와 같이 괄호 안의 (트)는 약하게 발음해야 한다.

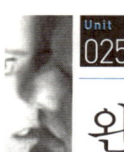

Perfect

완벽해

Source | 『Eyes Wide Shut』 (아이즈 와이드 셧)
제작연도 | 1999년
감독 | Stanley Kubrick

✱ Dialog

Alice Harford : How do I look?
Dr. Bill Harford : **Perfect.**
Alice Harford : Is my hair okay?
Dr. Bill Harford : It's great.

Alice Harford : 어때?
Dr. Bill Harford : 완벽해.
Alice Harford : 내 머리 괜찮아요?
Dr. Bill Harford : 멋져요.

✱ And More

How do I look?은 '내가 어떻게 보여?'라는 뜻이다. 즉, '내 모습 괜찮아?' '어때 보여?'라는 뜻으로 이 표현을 쓴다. '내가 몇 살로 보여?'라고 할 때는 How old do I look?을 쓴다.

Perfect는 쓸 기회가 많으니까 발음도 완벽하게 해야 한다. /퍼:ㅍ + 휙/으로 발음해야 하는데 그냥 /퍼펙트/라고 발음하면 콩글리시가 된다. p는 우리말의 /ㅍ/으로 발음하면 되고 f는 우리말 표기가 안 되니까 ㅍ과 ㅎ의 중간발음을 내주면 된다.

Really?

정말이세요?

Source | 『Speed』 (스피드)
제작연도 | 1994년
감독 | Jan de Bont

✽ Dialog

Annie	:	I'm a graphic designer.
Helen	:	**Really?** Where do you work?
Annie	:	Uncle Salty's Seafood Hut.

Annie		전 그래픽 디자이너예요.
Helen		정말요? 어디서 일하세요?
Annie		Uncle Salty 해산물점에서요.

✽ And More

Really?의 발음은 '륄리'이다. 혹시 /리얼리/라고 발음하는 분들이 있다면 이번 기회에 고치기 바란다.

Where do you…? 구문은 많이 쓰이는 기본 문장이므로 다른 응용 표현들도 연습해보자. Where do you live?(어디 사십니까?), Where do you teach?(어디에서 가르치십니까?), Where do you stay?(어디에서 머무르십니까?) 등의 표현이 있다.

Unit 027

맞습니다, 그렇습니다

Absolutely

Source | 『Hedwig and the Angry Inch』 (헤드윅)
제작연도 | 2001년
감독 | John Cameron Mitchell

✽ Dialog

Hansel's Mom : **Absolute power corrupts.**
Hansel : **Absolutely.**
Hansel's Mom : **Better to be powerless, my son.**

Hansel's Mom 절대 권력은 부패하게 되어 있어.
Hansel 그렇습니다.
Hansel's Mom 아들아, 권력이 없는 게 더 나은 거야.

✽ And More

Absolutely는 /앱썰룻리/로 발음해야 원어민의 발음과 비슷해진다.

Better 앞에 You'd나 We'd가 생략되었지만 자기들끼리 쓰는 표현이니까 충분히 통할 것이다. had better('d better)가 들어가는 기본 구문으로 회화 문장을 만들 일이 있으면 You'd 정도는 입에서 폼만 잡고 발음하지 않는 습관을 들이도록 하자.

Unit 028

고마워요

Thanks

Source | 『Alien』(에이리언)
제작연도 | 1979년
감독 | Ridley Scott

✽ Dialog

Hicks : Here, put this on. Then I can locate you anywhere in the complex on this ... Just a ... precaution. You know.

Ripley : **Thanks**.

Hicks 여기 이걸 차. 그러면 이 건물 안 어디에 있든 여기에 표시가 되지. 그냥… 예방 조치야. 알지.

Ripley 고마워.

✽ And More

미국인들하고 생활하다보면 가장 많이 듣고 말하는 표현 중의 하나가 바로 이 Thanks이다. 발음할 때는 '땡스'도 아니고 '쌩스'도 아니고 혀끝을 위아래 이 사이에 살짝 걸친 상태로 '땡'과 '쌩'의 중간발음을 내면서 '스'를 발음하면 되는데, think, three, thirty, theater 등을 통해 th가 들어가는 발음 연습을 해보자.

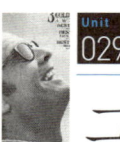

그렇죠?

Huh!

Source | 『As good as it gets』 (이보다 더 좋을 순 없다)
제작연도 | 1997년
감독 | James L. Brooks

❋ Dialog

Frank	:	She's nice.
Melvin	:	Yeah.
Frank	:	Real nice, **huh?**
Melvin	:	Really nice.
Frank		그 여자 괜찮은 여자야.
Melvin		맞아.
Frank		정말 좋은 여자야, 그치?
Melvin		정말 좋은 여자지.

❋ And More

위와 같이 Huh는 "그런가?" "그렇지?"라는 뜻으로 자주 쓰이는데 필자도 영어회화를 처음 공부하던 시절에는 이 huh가 정확하게 뭔지 잘 몰랐다. 그래서 huh가 어느 상황에 쓰이는지 알아내려고 신경을 곤두세운 기억이 난다. 필자 얘기를 해서 좀 그렇긴 하지만 영어를 잘하기 위해선 영어에 대한 열정과 관심이 제일 중요하다.

이건 여담인데, 필자가 2년 전쯤 국내에서 내노라 하는 영어 도사들을 몇 분 만나 얘기를 나눈 적이 있다. 그 분들이 한결같이 하는 말이 "영어를 잘하려면 영어를 사랑해야 한다"는 것이었다. 어떤 분은 영어가 자기의 애인이라고 말하는 이도 있었다.

Unit 030

Done?(= Finished?)

끝났어?

Source | 『Mighty Joe Young』(마이티 조 영)
제작연도 | 1988년
감독 | Ron Underwood

❊ Dialog

Jill	:	I'm in charge of Joe.
Gregg	:	Done.
Jill	:	Done? Just like that? That was way too easy.
Gregg	:	You are not a very trusting soul, are you, Miss Young?

Jill	제가 조를 담당하고 있어요.
Gregg	다 했어요.
Jill	다했어요? 그렇게 쉽게요? 그건 너무 쉬운 일이었어요.
Gregg	미스 영, 당신은 사람을 잘 믿지 않죠?

❊ And More

Done?은 Are you done?을 줄여서 말한 표현이다. 다르게 표현하면 (Are you) Finished?를 쓸 수 있다. I'm done with the work라고 하면 "난 그 일을 끝냈다"는 뜻이 된다. be through with도 '~를 끝내다'라는 뜻으로 쓰이는 숙어인데, 특히 사람에 대해서 쓰면 '~와의 관계가 끝나다'라는 뜻이 된다. I'm through with her라고 하면 "난 그녀와 (관계가) 끝났다"는 뜻이 된다.
like that은 '그렇게'라는 뜻도 있지만 '문제없이, 쉽게'라는 뜻으로도 쓰이는 이디엄이다. way는 흔히 '길, 방법'이라는 뜻으로 알고 있는데 부사로서 '훨씬'이라는 뜻도 있다. 여기서도 부사로 쓰여 부사 too를 수식하고 있다. The construction is way behind schedule이라고 하면 "공사 일정이 훨씬 늦어졌다"라는 뜻이 된다.

한 단어로 끝내는 기타 표현

01.	**Move.**	자, 어서. 빨리 움직여.
02.	**Fuck!**	젠장! 제기랄!
03.	**Relax.**	긴장을 풀어
04.	**Always.**	언제나
05.	**Wait!**	기다려.
06.	**Look!**	이봐.
07.	**Welcome.**	환영합니다.
08.	**Nonsense!**(= Bullshit!)	말도 안 되는 소리야!
09.	**Jesus!**	이크, 이럴 수가 있나.
10.	**Shit!**	젠장! 제기랄!
11.	**Whatever.**	뭐든지, 뭐든 간에
12.	**Occasionally.**(= Sometimes.)	가끔요. 때때로요.
13.	**Dammit!**	젠장! 제기랄!
14.	**Fantastic!**(= Wonderful!)	환상적입니다!
15.	**Help!**	도와주세요.
16.	**Maybe.**(= Probably)	어쩌면요.
17.	**Dead?**	죽었니?
18.	**Wow!**	와! (감탄)
19.	**Please!**	제발! 부디!
20.	**Listen.**	들어봐.
21.	**Impressive**	인상적이야
22.	**Go!**	가! 가봐!
23.	**Goodbye.**	안녕히 가십시오. 안녕히 계십시오.
24.	**Stop!**	멈춰! 그만!

25.	**Eat.**	먹어.
26.	**Now?**	지금요?
27.	**Speak.**	말해봐. 말해.
28.	**Much.**	많이요.
29.	**Oops!**	저런! 야단났군! 아이쿠! 미안!
30.	**Bad?**	나빠?
31.	**Quiet!**	조용히 해!
32.	**Hardly.**	거의 아닙니다. 거의 않습니다.
33.	**Harder.**	더 세게요. 더 강하게요.
34.	**Ready?**	준비됐어?
35.	**Cheers!**	건배!
36.	**Shoot!**	어서 말해. 빨리 털어놔.
37.	**Bye.**	안녕.
38.	**So?**	그래서요?
39.	**Sorry.**	미안해요.
40.	**None.**	아무 것도 없습니다.
41.	**Never.**	전혀 아닙니다.
42.	**Again?**	또야?
43.	**Right.**	맞습니다.
44.	**Indeed.**	정말 그래.
45.	**Frequently.**	자주요.
46.	**Speaking.**	접니다. (전화 받을 때)
47.	**Attention!**	주목해주세요! 안내 말씀 드리겠습니다.
48.	**Unbelievable!**(= Incredible!)	믿을 수 없어요!

한 단어로 끝내는 기타 표현

49.	**Amazing!**	대단하네요.
50.	**Terrific!**	대단하네요.
51.	**Pardon?**	뭐라고 말씀하셨죠?
52.	**Working[Reading, Eating]**	일하고 있습니다.
		(책 읽고 있습니다, 먹고 있습니다)
53.	**ASAP**	가급적 빨리요.
54.	**Impossible!**	불가능합니다.
55.	**Fight!**	싸워!
56.	**Quick.**	빨리요. 어서요.
57.	**Gee!**	어이구머니! 저런! 깜짝이야!
58.	**Certainly.**	알았습니다. 물론이죠. 그렇고말고요.
59.	**Very.**	많이요.
60.	**Gosh!**	어이쿠! 아이고!
61.	**Yes.**	알겠습니다. 그렇습니다. 좋아요.
62.	**No.**	아니요. 틀렸습니다. 싫어요.
63.	**Gross!**	구역질나!
64.	**Disgusting!**	구역질나!
65.	**Trouble?**(= Problem?)	문제[걱정, 고민]있어요?
66.	**Police!**	경찰이다!
67.	**Ouch!**	아얏! 아이쿠!
68.	**Language!**	말조심해!
69.	**Report.**	보고해!

Part 2

두 단어로 끝내는 헐리우드 영어 표현

Mr. McKussic, it seems, has be

I love you even when you're sick and look disgusting.
A good plan today is better than a perfect plan tomorrow.
Life is filled with goodbyes.
What is being punished is not your actions but your intentions.
Today is the first day of the rest of your life.
For the first time in my life, I know what I want to do.
The key to a woman's heart is an unexpected gift at an unexpected time.
When women get breasts, they look sexy, when men get breasts, they look old.
The more one talks, the less the words mean.
You're not the only lonely man. Being free always involves being lonely.
Only grown-up men are scared of women.
To be in chains is sometimes safer than to be free.
All men are guilty, they're born innocent but it doesn't last.
Everybody ends up dead. It's just a matter of when.
We all know this deal is as certain as death and taxes.
It's better to have loved and lost than never to have loved at all.
I figure marriage is kind of like Miami: it's hot and stormy, and occasionally a little dangerous.
The only way to get rid of temptation is to yield to it.
Some write with words, others with silence.
Don Giovanni slept with thousands of women because he was afraid he wouldn't be loved by one.
Gary, this is a dangerous mission. If you happen to get captured, suicide may be the more humane option.
There's a lot to learn from losing.
God made men. Men made slaves.
n his business for purely romantic reasons, whilst you have been engaged in romance for purely business reasons.
For the sake of our friends d better not answer.
spends the first half of his life trying to figure women out, and the second half trying t   w   learned
Oh, Nicky, I lo   because you   peopl
On secon   us

Our society cannot c   d   who
There's on   in   th
Don't adm

You can't   ele
If we ca   them
As long as you lose like a winner, i   t matt
A man reaches a certa   e whe

Men look for a wo
                                                  midnight

What happened?

무슨 일이야, 무슨 일 있었니?

Source | 『8mm』(8미리)
제작연도 | 1999년
감독 | Joel Schumacher

✽ Dialog

Amy	:	What happened to you?
Welles	:	I'm okay, honey, I'm okay. Are you alright?
Amy	:	What's going on, Tom? **What happened?**
Welles	:	I can't tell you, Amy. You know I can't. You have to trust me ...
Amy	:	Tom ...

Amy 무슨 일 있었어요?
Welles 난 괜찮아, 하니, 난 괜찮아. 당신 괜찮아?
Amy 무슨 일이 벌어지고 있는 거예요? 무슨 일이죠?
Welles 말해줄 수 없어. 당신에겐 말할 수 없다고. 그냥 날 믿어야 해.
Amy 톰.

✽ And More

아마 영어회화에서 가장 많이 쓰이는 표현 중의 하나가 이 What happened?일 것이다. 우리 영화나 드라마를 봐도 이 표현이 자주 등장하는 것을 알 수 있다.

두 번째 대사에서 나오는 I'm okay와 Are you alright? 역시 영화에서는 빈도수에서 막상막하일 정도로 많이 나오는 기본 필수 표현들이다.

I can't tell you에서 I는 상대적으로 좀 약하게 발음하면서 can't는 /캐앤/처럼 좀 세고 길게 발음해야 한다.

Unit 002 — How many?

몇 명이야, 몇 개야, 얼마나?

Source | 『Braveheart』(브레이브하트)
제작연도 | 1995년
감독 | Mel Gibson

✲ Dialog

William	: They're coming!
Hamish	: **How many?**
William	: Three, maybe more!
Hamish	: Armed?
William	: They are English soldiers, ain't they?
Hamish	: With your father and brother gone, they'll kill us and burn the farm!
William	: It's up to us, Hamish!

William	그들이 오고 있어!
Hamish	몇 명이나?
William	셋, 아니 더 많은 것 같아!
Hamish	무장했나?
William	그들은 영군 군인이야, 그렇지 않아?
Hamish	너의 아버지와 형제가 떠나면 그들은 우리를 죽이고 농장을 불태울 거야.
William	그건 우리에게 달려 있어, 해미쉬!

✲ And More

위와 같이 How many?, How much?, How big?, How wealthy?를 써서 "얼마나 많이?" "얼마나 크니?" "어느 정도 부자니?" 등을 표현할 수 있는데, 여기서는 How many are they?를 줄인 말이다.

They're coming!은 /데 카민/ 정도로 들리고, Armed?는 /아엄(드)/에서 /(드)/ 발음은 거의 안 들린다. 그리고 They'll은 /데이일/이 아니라 /델/ 정도로 발음한다.

Unit 003

어서 해봐, 자, 어서, 말씀해보세요…

Go ahead

Source | 『Blade Runner』(블레이드 러너)
제작연도 | 1982년
감독 | Ridley Scott

✽ Dialog

Tyrell	:	May I ask a personal question?
Deckard	:	**Go ahead**.
Tyrell	:	Have you ever retired a human by mistake
Deckard	:	No.
Tyrell	:	But in your profession that is a risk.

Tyrell		한 가지 개인적인 질문을 해도 될까요?
Deckard		하세요.
Tyrell		실수로 사람을 죽인 적이 있나요?
Deckard		없어요.
Tyrell		하지만 당신 일이 그럴 위험이 있잖아요.

✽ And More

Go ahead도 미국 영화나 드라마를 보면 자주 접하게 되는 표현이니 이번 기회에 잘 기억해두기 바란다. 의미는 "자, 어서 해라" "말씀하세요" "전진해" 등의 뜻으로 쓰인다.
May I ask …는 Can I ask …로도 많이 쓰고, retire는 대화의 흐름상 '죽이다'라는 뜻이다. 기본적인 의미는 '은퇴(퇴직)시키다'라는 뜻이다. profession은 '일, 직업'(특히 의사, 변호사, 회계사 같은 지적 직업)이니까 좀 점잖아 보이는 사람한테는 What is your profession?(당신의 직업은 무엇입니까?) 하고 물어보는 것이 좋다.

Unit 004

약속할게

I promise

Source | 『Any Given Sunday』 (애니 기븐 선데이)
제작연도 | 1999년
감독 | Oliver Stone

❋ Dialog

Tony   : You mean the Pantheon Cup …?
Mandy : Yeah, that's it! That was wild.
          I'd never repeat this, only to you, you promise to keep this secret?
Tony   : **I promise**.

Tony   신전의 컵을 말하는 거야?
Mandy 그래, 바로 그거야! 신나는 일이었지.
        두 번 말하지 않겠어. 네게만 얘기하는 건데, 비밀 지켜줄 수 있지?
Tony   약속할게.

❋ And More

보다시피, I promise는 "내가 약속할게"라는 뜻이고, Promise me는 "나한테 약속해줘"라는 뜻으로 둘 다 아주 많이 쓰이는 일상 회화 표현들이다. Promise? 하고 끝을 약간 올리면 "약속하는 거야?"라는 뜻으로 역시 영화에서 많이 접할 수 있는 표현이다.

한편, 거래처와의 약속이라든가 병원의 진료 예약에는 appointment를 쓴다. 이왕 하는 김에 '(지지, 충성, 원조를) 맹세하다, 서약하다'라는 뉘앙스로는 pledge를 쓴다는 것도 알아두자.

61

Unit 005

뭘 한다고?

Do what?

Source | 『Star Wars : Episode 1』 (스타워즈 : 에피소드 1)
제작연도 | 1999년
감독 | George Lucas

✣ Dialog

Threepio	: I can assure you they will never get me onto one of those dreadful starships!
Kitster	: This is so wizard! I'm sure you'll do it this time, Annie.
Padme	: **Do what?**
Kitster	: Finish the race, of course!

Threepio	그들이 저 끔찍한 우주선으로는 절대 날 잡지 못할 거라는 걸 보증할 수 있어.
Kitster	이거 아주 굉장한 걸! 애니, 네가 이번에는 그 일을 해낼 거라고 확신해.
Padme	뭘 한다고?
Kitster	물론 레이스를 완주하는 거지!

✣ And More

비슷한 표현으로 Want what?(뭘 원한다고?), Teach what?(뭘 가르친다고?), Love what?(뭘 사랑한다고?) 등이 있다.

영화 대사들은 끝에 느낌표(!)가 들어가는 문장이 많은데 감정 표시가 강하게 들어가기 때문에 그런 것이다. 영어는 감정 표현이 풍부한 언어인데 그렇기 때문에 외국어 녹음을 할 때도 감정이 풍부한 성우가 녹음하는 것이 좋을 것이라는 생각이 든다.

Finish의 sh발음은 /쉬/발음을 내되 최대한 짧게 내야 한다.

Unit 006

Try again

다시 해봐

Source | 『Breakdown』 (브레이크다운)
제작연도 | 1997년
감독 | Jonathan Mostow

❉ Dialog

Red	: Deke, c'mon over here. I got something for you. Guess which hand.
Deke	: This one.
Red	: Nope. **Try again**.
Deke	: This hand.
Red	: Nope.

Red	Deke, 이리 와 봐. 보여줄 게 있어. 어느 손에 있는지 맞혀 봐.
Deke	이쪽 손.
Red	아니야. **다시 맞혀 봐**.
Deke	이쪽 손.
Red	틀렸어.

❉ And More

Red가 Deke에게 스위스 군용 칼을 보여주며 장난을 치는 장면이다.

Try again이 두 단어 표현 중 가장 많이 쓰이는 표현이라고 할 수는 없겠지만, 이 대사가 재미있어서 넣어봤다.

try는 발음할 때 /츄라이/ 또는 /추라이/로 하는 것이 원어 발음에 가깝다. t 다음에 r이 이어지는 경우 t 발음은 /ㅊ/에 가깝게 나는데 이런 단어들로는 trend(/추랜(드)/), trust(/추러스(트)/), travel(/추래블/) 등이 있다.

회화에서는 단어를 짧게 발음하는 경우가 많은데, 위에서 나온 c'mon(come on) 외에도 'cause(because), goin'(going), comin'(coming) 등이 있다.

Unit 007

맞혀 봐?

Guess what?

Source | 『My Best Friend's Wedding』(내 남자 친구의 결혼식)
제작연도 | 1997년
감독 | P.J. Hogan

✲ Dialog

Kimmy	: **Guess what?** Earplugs work.
Julianne	: Oh. How about ...
Kimmy	: ... cigars in bed? I broke him on that. But the bathroom's a swamp, he wears Reeboks to dinner, tells the same, admittedly funny, jokes three hundred times ...

Kimmy : 맞혀 봐. 귀마개가 방음이 돼.
Julianne : 오. 그건 어때?
Kimmy : 침대에서 시거? 못 피게 했어. 하지만 욕실은 물바다고, 그는 저녁식사에 리복을 입고 나와서는 똑같은 농담을 수백 번이나 해. 솔직히 좀 재미있긴 해.

✲ And More

Guess what?은 Guess what I have(뭘 가지고 있는지 맞혀 봐) 또는 Guess what I'm saying[thinking](무슨 말을 하려는지[생각을 하고 있는지] 맞혀 봐), Guess what to do next(다음에 뭘 할지 맞혀 봐) 등을 줄여서 하는 말이다. 의미는 상황에 따라 조금씩 달라지는데 "뭔지 맞혀 봐" 정도의 뜻으로 자주 쓰는 표현이다. You know what, Well, By the way 등과 같이 별다른 뜻 없이 말을 꺼낼 때 주의를 끄는 표현으로 사용되기도 하는데 여기서는 그런 뜻으로 사용되었다고 볼 수 있다.

bed와 bad의 발음 차이에 대해서 알아보자. bed는 /배ㄷ/처럼 발음하면 되는데 /애/ 발음을 좀 짧게 내야 한다. 반면 bad는 /배앤/처럼 /애/ 발음을 좀 길게 내야 한다. 하나 더 응용을 해보면 man은 /매앤/처럼 /애/를 좀 길게, men은 /맨/처럼 /애/ 발음을 좀 짧게 내는 것이다.

Unit 008 — Not really

꼭 그렇지는 않아

Source | 『Sex, Lies, and Videotape』 (섹스 거짓말 그리고 비디오테이프)
제작연도 | 1989년
감독 | Steven Soderbergh

❋ Dialog

Doctor	:	Do you want to leave therapy?
Ann	:	**Not really**.
Doctor	:	Do you feel there is more progress to be made?
Ann	:	Yes.
Doctor	:	I'm glad you feel that way, because I feel that way, too.

Doctor	치료를 그만 하고 싶으세요?
Ann	꼭 그렇지만은 않아요.
Doctor	치료가 더 필요하다는 걸 느끼세요?
Ann	예.
Doctor	그렇게 느끼신다니 다행이네요. 저도 같은 생각이거든요.

❋ And More

요즘 한 코미디 프로에서도 이 "꼭 그렇지만은 않아"라는 표현을 쓰던데, 이 표현은 영어에서도 자주 쓰이는 표현이다. 영어로는 Not really나 Not exactly로 표현한다.

Do you feel there is more progress to be made?로 발음 훈련을 할 때는 키워드인 feel, progress, made는 상대적으로 강하게 발음해야 한다.

I'm glad를 발음할 때는 /암글래(드)/처럼 (드)를 거의 발음하지 않는 것이 키포인트다.

Unit 009

어떤 종류?

What kind?

Source | 『The Sixth Sense』(식스 센스)
제작연도 | 1999년
감독 | M. Night Shyamalan

❋ Dialog

Cole	: I forgot your name.
Malcolm	: Dr. Crowe.
Cole	: You're a doctor. **What kind?**
Malcolm	: I work with young people who might be sad or upset or just want to talk. I try to help them figure things out.

Cole   당신의 이름을 잊었어요.
Malcolm   닥터 크로우입니다.
Cole   의사시군요. 무슨 의사죠?
Malcolm   슬프거나 화났거나, 아니면 그저 얘기를 하고 싶어 하는 젊은이들과 일을 하죠.
그들이 세상을 이해하는 것을 돕는 일을 하는 거죠.

❋ And More

미국 영화를 보다보면 가장 많이 접하게 되는 표현이 What kind of movie, What kind of music, What kind of job, What kind of man, What kind of soda 등과 같이 What kind로 시작하는 표현이다.

그런데 원어민들은 위와 같은 상황에서 What kind of doctor?를 쓰지 않는다. 뒷부분을 생략해도 문맥상 충분히 의미가 전달되기 때문이다.

'의사'는 doctor지만 축약형으로 Dr.이나 Doc를 쓰기도 한다. '내과의사'는 physician인데 발음할 때 주의를 요한다. 발음에 익숙지 않은 사람들은 position으로 착각하기 쉬운데, ph는 f와 같은 발음이기 때문에 /ㅍ/과 /ㅎ/의 중간 정도로 발음을 해야 한다. 즉, /ㅍ + 허지션/으로 발음해야 원어 발음에 가깝다.

Unit 010

Me too

나도

Source | 『Blade Runner』(블레이드 러너)
제작연도 | 1982년
감독 | Ridley Scott

✱ Dialog

Deckard : Why didn't you go?
Wheeler : Too old.
Deckard : But if you could?
Wheeler : My job is here.
Deckard : **Me too.**

Deckard 왜 당신은 가지 않았지?
Wheeler 너무 늙었거든.
Deckard 만약 갈 수 있었다면?
Wheeler 내 일은 여기에 있어.
Deckard 나도 그래.

✱ And More

Me too는 **My job here too**를 줄여서 표현한 것이다. 이 표현은 상황에 따라 다양한 뜻을 지닐 수 있다. I'll have a steak for lunch에 대해서 Me too라고 말하면 I'll have a steak for lunch, too의 뜻이고, I have done my work에 대한 답이라면 I have done my work, too의 뜻이 된다. 즉, 상대가 어떤 말을 하든 '나도 마찬가지다'라고 대답할 때는 Me too를 쓰면 된다.
too가 들어가는 다른 표현을 살펴보면 Too old(너무 늙었거든), Too young(너무 어려), Too pretty(너무 예뻐), Too busy(너무 바빠), Too slow(너무 느려), Too strong(너무 강해) 등이 있는데 이 표현들은 자주 쓰이는 표현이므로 반드시 숙지해두어야 한다.

Unit 011

젠장!, 제기랄!

Damn it!

Source ｜ 『Cast Away』(캐스트 어웨이)
제작연도 ｜ 2000년
감독 ｜ Robert Zemeckis

✽ Dialog

Good Chuck : They're on autopilot.
Bad Chuck : They're always on autopilot. Or else it's night, or you're in the sun, or you're in the trough of a wave. They'll never see you.
Good Chuck : **Damn it!** Don't be so negative.

Good Chuck 　그들은 자동 항해 중이야.
Bad Chuck 　그들은 늘 자동 항해를 하지. 아니면 밤이거나, 네가 햇빛 속에 있거나, 그것도 아니면 파도에 파묻혀 있겠지. 그들은 절대 널 보지 못해.
Good Chuck 　제기랄! 그렇게 부정적으로만 생각하지 마!

✽ And More

섬에 표류한 Chuck이 두 개의 인격으로 나뉘어져 구조될 가능성에 대해 다투고 있는 장면이다.

Dame it!은 "젠장!, 제기랄!, 빌어먹을!"이라는 뜻으로 할리우드 영화에서나 미국 드라마에서 아주 많이 들을 수 있는 표현이다. Damn의 기본 의미는 '저주하다'이다.

이와 같이 영어의 욕의 종류는 철자가 네 자로 된 게 많다. 그래서 four-letter word라고 하는데 fuck, shit, hell, cunt 등이 있다. 이런 말들은 알아두기만 하고 될 수 있으면 쓰지 않도록 한다.

Unit 012

I know

나 알고 있어, 알아

Source | 『Ghostbusters II』 (고스트버스터즈 2)
제작연도 | 1989년
감독 | Ivan Reitman

❋ Dialog

Janosz	: Dr. Venkman? Danna is not here.
Venkman	: **I know.**
Janosz	: Then why have you come?
Venkman	: We got a major creep alert and we're just going down the list. Your name was first.

Janosz	벤크만 박사님이세요? 다나는 여기 없어요.
Venkman	알아요.
Janosz	그런데 왜 오셨죠?
Venkman	곧 끔찍한 일이 벌어질 것 같아, 지금 목록을 훑어보고 있소. 그런데 당신 이름이 맨 앞이었소.

❋ And More

우리나라 영어 학습자들은 I don't know는 다 알고 있고 또 실제로 상황에 맞지 않게 시도 때도 없이 잘 사용하는 것 같다. 하지만 상대방의 말을 확실하게 알아들었을 때나 써먹을 수 있는 I know는 그리 많이 쓰지 못하는 것 같다. 여러분도 청취력이 튼튼해져서 상대방의 얘기를 알아듣고 I know를 유연하게 구사할 수 있길 바란다.

그런데 한 가지 알아둘 것은 I know는 "원래 알고 있어"라는 뜻으로 쓰이는 말인데 반해, 상대방의 얘기나 설명을 듣고 난 후에 "알겠다" "아, 그렇군요"라는 뜻으로 쓸 때는 I see를 쓴다는 것이다.

Unit 013

행운을 빌어

Good luck

Source | 『The Fifth Element』(제5원소)
제작연도 | 1997년
감독 | Luc Besson

Dialog

Cornelius : We're not going on vacation ... We're on a mission ...
Korben : What kind of mission?
Cornelius : We have to save the world.
Korben : **Good luck** ...
Cornelius : Of course.

Cornelius 우리는 휴가를 가는 게 아니야. 임무를 수행 중이라고.
Korben 어떤 임무죠?
Cornelius 우린 세상을 구해야 해.
Korben 행운이 있기를…
Cornelius 물론이지.

And More

표제어는 아주 많이 쓰이는 Good luck이지만, luck이 들어가는 유용한 표현들에는 Wish me luck(행운을 빌어줘)와 in[out of] luck(운이 좋아서[나빠서])가 있으니까 함께 알아두도록 하자.

말이 나온 김에 상대의 행운을 빌어줄 때 쓸 수 있는 표현들을 알아보자. Good luck(행운을 빌어), I'll crossed my fingers for you(행운을 빌어줄게), Break your legs(잘 해) 등이 있다. Break your legs는 무대에 서거나 오디션 같은 것을 보는 사람에게 다리가 부러질 정도로 최선을 다해서 좋은 결과가 있기를 바란다는 뜻으로 쓰는 표현이다.

luck과 같이 l이 단어의 첫 철자로 나올 경우에는 소리 안 나게 /(을)/자 발음을 내려는 입모양을 취하고 있다가 /(을)럭/으로 발음해야 본토 발음에 가까워진다.

Unit 014

That's impossible
그건 불가능해

Source | 『Mimic』(미믹)
제작연도 | 1997년
감독 | Guillermo del Toro

❄ Dialog

Susan	:	My God.
Siri	:	What?
Susan	:	It's breathing.
Siri	:	**That's impossible.** Insects don't …
Susan	:	I know.
		Help me get a sample.

Susan 맙소사!
Siri   무슨 일이에요?
Susan 숨을 쉬고 있어요.
Siri   그럴 리가. 벌레는…
Susan 알아요.
       샘플 채취하는 것 좀 도와줘요.

❄ And More

이 표현도 미국 영화나 드라마를 보면 자주 접하게 되는 표현이다. Mission Impossible(불가능한 임무)이라는 영화 제목에서 알 수 있듯 impossible은 '불가능한'이라는 뜻이다.
미 8군 시절 한 하우스보이가 That's impossible!(그건 불가능해요!)을 강조해서 표현하느라고 That's very impossible!이라고 말하는 것을 들은 적이 있는데 미국인들은 impossible 앞에 very를 쓰는 일이 없다.
이 표현은 글자그대로 '불가능하다'는 뜻을 표현하기도 하지만 '있을 수 없는 일이다' '그럴 리가 없다'라는 뜻으로도 사용된다. 이런 뜻일 때는 That's unbelievable!, That's incredible!도 쓸 수 있고 짧게는 No way!라고 하기도 한다.

Unit 015 무엇 때문에

What for?

Source | 『Amadeus』(아마데우스)
제작연도 | 1984년
감독 | Milos Forman

✽ Dialog

Salieri	: Come back tonight.
Constanze	: Tonight?
Salieri	: Alone.
Constanze	: **What for?**
Salieri	: Some service deserves service in return. No?
Constanze	: What do you mean?

Salieri	오늘밤에 다시 오세요.
Constanze	오늘밤에요?
Salieri	혼자서.
Constanze	왜요?
Salieri	봉사를 받았으니 나도 답례를 해야죠. 싫어요?
Constanze	무슨 뜻이죠?

✽ And More

많이 쓰이는 표현 중에 하나니까 외워두면 유용하게 써먹을 수 있는 표현이다. What for?는 "무엇 때문에"라는 뜻으로도 쓰이지만 상황에 따라서는 Why? 대용으로 사용되어 "왜?"라는 뜻으로도 쓰인다는 걸 알아두자.

다섯 번째 줄의 Some service deserves service in return이 참 재미있는 표현이다. 이와 같이 재미있는 영어 표현을 만나면 즉시 자기 것으로 만드는 습성을 들여야 영어를 잘할 수 있게 된다.

필자의 경우에는 중, 고교 시절 영어 과목을 제일 좋아했는데, 학교 수업보다는 멋있는 영어 문장이나 표현, 이디엄들을 접할 때마다 바로 적어두고 외우는 버릇을 들였던 게 영어 공부에 훨씬 도움이 되었던 것 같다.

Since when?

언제부터?

Source | 『The Usual Suspects』(유주얼 서스펙트)
제작연도 | 1995년
감독 | Bryan Singer

✱ Dialog

McManus	: We got a deal here.
Hockney	: **Since when?**
McManus	: Since tonight.
Hockney	: Fuck that.
McManus	: It's payback.

McManus	이걸로 결정된 거야.
Hockney	언제부터?
McManus	오늘밤부터.
Hockney	집어치워.
McManus	그걸로 빚을 갚는 거야.

✱ And More

Since when이 아니고 **Since Saturday**가 되면 Since의 ce발음이 거의 안 들린다. /쓰/ 발음과 Saturday의 S 발음이 같아 ce가 S에 동화되기 때문이다. 이렇게 앞 단어의 끝 음절과 뒷 단어의 첫 음절이 같거나 비슷한 음일 경우 동화되어 하나만 발음하게 된다.

deal은 원래 '거래' '밀약'이라는 뜻인데 Deal?(우리 합의한 거야?, 어때?), It's a deal, That's a deal(결정된 거야)과 같이 가까운 사이에서도 흔히 쓸 수 있는 표현이고, 사업 관계에 있어서도 "계약이 성립되었다" "계약을 따냈다"고 할 때도 That's a deal, We got a deal!이라고 쓸 수 있다. 비슷한 표현으로 That's a bargain(결정한 거야)이 있다.

Unit 017

Not yet

아직은 아닙니다, 아직 안 했습니다

Source | 『A Few Good Men』(어 퓨 굿 멘)
제작연도 | 1992년
감독 | Rob Reiner

❈ Dialog

Kaffee	:	Is Sam here?
Jo	:	**Not yet.**
Kaffee	:	Where is he?
Jo	:	He's on his way.
Kaffee	:	Did he got the guys?
Jo	:	Yes. Listen, can I talk to you for a second?

Kaffee	샘 왔어?
Jo	아직.
Kaffee	어디 있어?
Jo	오고 있는 중이야.
Kaffee	그놈들 잡았어?
Jo	응. 이봐, 잠깐 나와 얘기 좀 할 수 있어?

❈ And More

여기서의 not yet은 **Sam is not here yet**(샘은 아직 여기 오지 않았어)을 줄여서 표현한 것이다. 우리도 "아직은 아니야" "아직 안 했어" "아직 안 됐어" "아직 안 왔어"와 같이 줄여서 말을 하듯 영어에서도 앞에서 중복되는 부분을 모두 생략하고 이렇게 표현한다. 즉, 상대가 Did you finish the work?(일 끝냈어?)라고 물으면 (I did) Not (finish the work) yet으로 대답할 수 있는 것이다.

get의 의미는 문맥에 따라 수십 가지의 뜻으로 쓰이는데 여기에서는 문맥상 '잡다'의 뜻이다. get은 '해치우다, 복수하다'라는 뜻으로도 쓰이는데 I'll get you yet이라고 하면 "언젠가 꼭 복수하겠어"라는 뜻이다. 이 get을 비롯해 make, go, come은 매우 자주 사용될 뿐더러 문맥에 따라 다양한 뜻으로 사용되는 동사이므로 특히 잘 공부해두어야 한다.

Unit 018

내기할래?

Wanna bet?

Source | 『White Squall』 (화이트 스콜)
제작연도 | 1996년
감독 | Ridley Scott

❈ Dialog

John	: I cheated to get on the boat! All right?
Chuck	: What?
John	: I doctored my grades so I'd make the cut. I'm a moron, okay? You satisfied?
Chuck	: You're not a moron.
John	: **Wanna bet?**

John 나 속이고 배에 탄 셈이야! 알아?
Chuck 뭐라고?
John 난 학점을 고쳤기 때문에 잘리지 않았던 거야. 난 바보거든. 만족해?
Chuck 넌 바보가 아니야.
John 내기할까?

❈ And More

Wanna bet?은 원래 **Do you want to bet?**을 줄인 표현이다. want to는 구어에서는 /원투/로 발음하는 경우는 거의 없고 대부분 줄여서 /워나/로 발음한다. bet의 기본적 의미는 '내기하다, 걸다'이다. 발음할 때는 /뱉/으로 하면 되는데 bat과의 발음 구별을 위해 bet은 짧게 발음하고 bat은 /배애ㅌ/과 같이 약간 길게 발음한다.
bet이 들어가는 다른 표현들로는 You bet(틀림없어), I bet you(내기해도 좋아, 확실해), I'll bet(장담해) 등이 있다. 그 밖에 "확실해"라는 표현으로는 doubt(의심하다)를 넣어서 Without a doubt, Out of doubt 등을 쓰기도 한다.
위 대사에서는 I'm a moron(나 바보야, 정신박약아야)이라고 말했는데 I가 아니라 You로 You're a moron이라고 하면 상대방의 자존심을 건드리는 엄청 심한 욕이니까 주의해야 한다.

Unit 019

날 믿어주세요!

Trust me!

Source | 『Armageddon』 (아마겟돈)
제작연도 | 1998년
감독 | Michael Bay

✴ Dialog

A.J.　: Hop on the back. Get our weight distributed better.
Lev　: And why to do this?
A.J.　: Because I'm askin'. And turn your suit's thrusters off. **Trust me**, okay?

A.J.　뒷자리에 타. 체중을 잘 분산시켜야겠어.
Lev　왜 그래야 되지?
A.J.　왜냐하면 내가 요청하고 있으니까. 그리고 우주복의 추진 장치를 꺼. 날 믿으라고, 응?

✴ And More

"날 믿어주세요"는 위와 같이 Trust me를 쓰면 되고, "우리를 믿어주세요"라고 할 때는 Trust us!를 쓰면 된다. 비슷한 표현으로는 Believe me, Count on me 등이 있다.

참고로 '믿다, 신뢰하다, 신용하다'라는 뜻의 이디엄으로는 count on, bank on, have faith in, put confidence in 등이 있다. 이 이디엄들은 기억해두면 회화를 할 때 유용하게 써먹을 수 있다.

believe와 관련하여 알아둘 것은 believe me, believe him처럼 뒤에 바로 목적어가 오는 경우와 believe in God, believe in you와 같이 전치사 in이 들어가는 경우가 있는데, 둘 사이에는 약간의 의미 차이가 있다. in이 들어가는 경우는 어떤 존재나 어떤 사람의 능력을 믿는다는 뜻이고 in이 없는 경우는 그 사람의 말이나 행동을 믿는다는 뜻이다.

Unit 020 Fair enough!

됐어, (그 정도면) 공평해!, 맞아

Source | 『Cold Mountain』(콜드 마운틴)
제작연도 | 2003년
감독 | Anthony Minghella

❋ Dialog

Inman : Can I at least sleep in the corn crib, just for some shelter? I'll on my way come morning.
Sara : I've got a rifle.
Inman : Fair enough.
Sara : There's some beans and corn pone, all I got. You better come in.

Inman 그냥 피난처로 옥수수 창고에서라고 잘 수 없을까요? 아침에 떠나겠습니다.
Sara 난 총을 가지고 있어요.
Inman 공평하군요.
Sara 있는 거라곤 콩과 옥수수 빵밖에 없어요. 들어오세요.

❋ And More

Fair enough도 필자가 미국 회사에 근무하던 시절에 많이 듣던 표현이기도 하고, 미국 영화를 감상할 때도 자주 마주치는 표현이다. 비슷한 표현으로 Good enough가 있는데 Fair enough는 "아주 공평해"라는 뜻이고 Good enough는 "아주 좋아, 충분해"라는 뜻이다. 첫 번째 문장을 들을 때 청취력이 약한 독자들은 at least sleep은 놓치기 쉽다. least와 sleep이 만나면 /리스트 슬립/으로 발음하지 않고 /리:슬립/과 같이 발음한다. best seller 역시 /베스트 셀러/로 발음하지 않고 /배:쎌러/로 발음한다. 단지 /배/에서 /쎌러/로 넘어가기 전에 약간의 포즈가 있다.

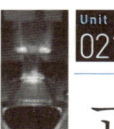

Unit 021

고마워, 감사합니다

Thank you

Source | 『Star Trek』 (스타 트렉)
제작연도 | 1979년
감독 | Robert Wise

❈ Dialog

Virak Kara	: How old are you?
Jadzia Dax	: I stopped counting after three hundred.
Virak Kara	: You don't look it.
Jadzia Dax	: **Thank you**.

Virak Kara	연세가 어떻게 되시죠?
Jadzia Dax	300살이 넘은 뒤에는 세지 않았네.
Virak Kara	그렇게 안 보이는데요.
Jadzia Dax	고맙네.

❈ And More

Thank you는 두 단어 표현에서 빼놓을 수 없는 표현이다. 미국인들은 How are you, I'm sorry, Thank you를 입에 달고 다닐 정도로 자주 사용한다.

미국 친구들이 처음에는 대부분 날 보고 blunt(무뚝뚝한)하다고 하는데, 우리나라 사람들이 흔히 그렇듯 필자 역시 "안녕하세요, 안녕히 가세요"라는 말을 잘 안 쓰기 때문인 듯하다. 그건 아마 문화적인 차이일 것이다. 원래 유목민족은 여러 곳을 떠돌아다니기 때문에 좀더 이방인에게 개방적이고 활달한 성격을 가진 반면, 정착민족은 이방인에 대해 덜 개방적이고 경계심을 가지는 경향이 있다. 왜냐하면 정착민족에게 있어 외부 세력은 달갑지 않은 존재일 경우가 많았기 때문이다. 특히 우리나라처럼 외침을 많이 받은 민족은 더욱 그렇다. 같은 영어권 중에도 영국민은 무뚝뚝한 걸로 정평이 나 있다. 영국 역시 정착 생활을 했고(섬나라이기 때문에 떠돌아다닐 곳도 없다) 외세는 대개 침략 세력일 경우가 많았기 때문이다.

Be careful

조심해, 주의하세요

Source | 『American History X』(아메리칸 히스토리 X)
제작연도 | 1998년
감독 | Tony Kaye

❋ Dialog

Derek	: Does he have a fucking gun, Dan?
Dan	: I'm not sure.
Derek	: Is there a driver?
	Okay. Stay the luck here.
Dan	: Dan? **Be careful**.

Derek	그가 빌어먹을 총을 가지고 있어, 댄?
Dan	확실하지 않아.
Derek	운전수는 있어?
	좋아. 안전하게 여기에 있어.
Dan	댄? 조심해.

❋ And More

이 두 단어 표현은 중학교 교과서에서도 나올 만한 쉬운 표현이지만 우리나라 사람들의 90% 이상이 회화에 관한한 초보 수준이라 이 표현 역시 쉽게 튀어나오지 않는다. 자, 이 표현 이외에 다음 표현들도 익혀두도록 하자.

❋ Adaptation

Be quiet!	조용히 해
Be patient!	참아!
Be happy!	행복하십시오!
Be nice!	얌전하게 굴어!
Be quick!	빨리! (군대에서 교관들이 훈련병들에게 자주 쓸 수 있는 말)

Unit 023

I disagree

난 동의하지 않아, 난 그렇게 생각지 않아

Source | 『Contact』(콘텍트)
제작연도 | 1997년
감독 | Robert Zemeckis

❋ Dialog

Ellie : What if you're wrong?
No—I'll grant you probabilities but as a scientist without all the evidence—you can't deny the possibility—and I believe even the remotest possibility of something this profoundly ... profound is worth investigation—and worth taking a few risks.

Drumlin : **I disagree**.

Ellie : Then disagree but don't stand in my way!

Ellie : 네가 틀렸으면 어쩔래?
아니, 개연성은 인정하지. 하지만 과학자로서 증거도 없이 가능성을 부정할 순 없어. 난 아무리 멀리 떨어져 있는 가능성이라도 그걸 믿어. 심해를 조사하고 약간의 위험을 무릅쓸 가치가 있어.

Drumlin : 난 그렇게 생각지 않아.

Ellie : 그러면 동의하지 않더라도 방해는 하지 마!

❋ And More

토론할 때나 누가 어떤 생각을 내놓을 때, 찬성이나 동의 등을 표현할 때가 있는데, 이때 위의 두 단어 표현을 써먹을 수 있다. 위의 표현은 상대의 의견에 반대할 때 쓰는 표현인데 반대로 동의할 때는 I agree를 쓴다. 그 밖에 동의를 하거나 동의를 하지 않을 때 쓸 수 있는 표현들을 살펴보면, I am all for you(네 의견에 전적으로 동의해), I think so, too(나도 그렇게 생각해), I am against you(난 네 의견에 반대해), I don't think so(난 그렇게 생각지 않아) 등이 있다.

Unit 024

Excuse me

죄송합니다, 뭐라고 말씀하셨죠?

Source | 『Indecent Proposal』(은밀한 유혹)
제작연도 | 1993년
감독 | Adrian Lyne

✲ Dialog

John : Excuse me. Would you mind lending me your wife? Is that your wife?
David : **Excuse me?**
John : For luck.

John 죄송합니다만 당신의 부인을 빌려주시지 않겠소? 저 분이 당신의 부인 되시죠?
David 뭐라고 말씀하셨죠?
John 행운을 빌리자는 거요.

✲ And More

보다시피 Excuse me는 끝을 내리면 "죄송합니다" "(잠시) 실례합니다"가 되지만 끝을 올리면 "뭐라고 말씀하셨죠?"라는 뜻이 된다. 같은 표현으로 I'm sorry, Pardon me가 있는데 이 표현들도 끝을 올리면 반문하는 표현이 되고, 끝을 내리면 사과하는 표현이 된다. 그리고 Would you mind -ing?는 기본 문형이기 때문에 입에 밸 때까지 연습을 해두어야 한다.

Would you mind lend**ing** me some money? 돈 좀 꿔주시겠습니까?
Would you mind smok**ing** here? 여기서 담배 피워도 됩니까?
Would you mind open**ing** the window? 창문 좀 열어주시겠습니까?
Would you mind my open**ing** the window? 창문 좀 열어도 됩니까?

특히 주의할 것은 동명사 앞에 소유격이 있느냐 없느냐에 따라 동명사의 행위 주체가 달라진다는 점이다. 없는 경우 주어, 있는 경우 소유격이 동명사의 행위 주체가 된다.

Unit 025

How much?

얼마죠?

Source | 『Maberick』 (매버릭)
제작연도 | 1994년
감독 | Richard Donner

✽ Dialog

Archduke	:	I've never shot anyone before.
Joseph	:	Now's your big chance.
Archduke	:	**How much?**
Joseph	:	Five ... thousand dollars.
Archduke	:	Would we have to tie him up? That doesn't seem sporting.

Archduke	난 사람을 쏴본 적이 없어요.
Josehp	지금이 네겐 큰 기회야.
Archduke	얼마죠?
Joseph	5…천 달러.
Archduke	그를 묶어야 할까요? 그건 별로 떳떳한 짓은 아닌 것 같은데.

✽ And More

How much는 **How much does it cost**를 줄인 말이다. 그 밖에도 How가 들어가는 표현을 살펴보면, How long?(얼마나 오래 걸려?), How far?(얼마나 멀어?), How old?(몇 살이야?), How many?(몇이야?) 등이 있다. 뒤에는 각각 does it take, is it, are you[is he], 명사 + do you have가 생략되었다. 주의할 것은 how는 부사이기 때문에 뒤에는 형용사나 부사가 이어져야 한다는 것이다.

미국에서 생활할 때 영어를 못해도 이 표현 How much?만 알고 있으면 생활하는 데 전혀 지장이 없다고 미국에서 수십 년을 산 교포 할아버지가 TV의 한 프로그램에서 한 말이 기억난다. 그 정도로 시도 때도 없이 많이 쓰는 표현인데, 영어가 초보 수준인 사람들은 이것도 막상 실전에서는 입에서 잘 안 나오는 경우가 많다.

Unit 026

얼마나 되는데?

How much?

Source | 『Bugsy』(벅시)
제작연도 | 1991년
감독 | Barry Levinson

❋ Dialog

Mickey	: What's in it for me?
Bugsy	: Money.
Mickey	: How much?
Bugsy	: $5,000 a week.

Mickey	그 일로 내게 돌아오는 이득이 뭔데?
Bugsy	돈이지.
Mickey	얼마나 되는데?
Bugsy	1주일에 5천 달러야.

❋ And More

여기서 쓰인 표현은 **How much is it?**을 줄인 표현이다. money는 불가산 명사이기 때문에 부정관사를 붙일 수 없고 복수형도 만들 수 없다. 따라서 대명사로 받을 때도 항상 단수로 받아야 한다.
What's in it for me?(내게 들어오는 이득이 뭐죠?)는 자주 쓰일 수 있는 관용 표현이다. 암기해두면 유용하게 써먹을 수 있다. 인간이라면 누구든 self interest(자신의 이익)를 챙기려고 하기 때문이다. 예를 들어 어떤 명강사에게 자기 책에 기고를 좀 해달라고 부탁할 때 바로 튀어나올 수 있는 답변이 바로 이 표현 What's in it for me?이다.

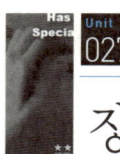

Shut up!

장난[농담]하지 마, 입 닥쳐!

Source | 『Boogie Nights』(부기 나이트)
제작연도 | 1997년
감독 | Paul Thomas Anderson

�֍ Dialog

Dirk	: Hi.
Mother	: Where were you?
Dirk	: Nowhere.
Mother	: **Shut up**. Shut up. Where were you?

Dirk	엄마, 안녕!
Mother	너 어디 있었니?
Dirk	아무데도.
Mother	장난치지 마. 너 어디 있었어?

✶ And More

영어가 유창하지 않은 사람들은 Shut up!을 "입 닥쳐!, 조용히 해!" 하고 좀 험악한 상황에서만 쓰는 표현인 걸로 알고 있기 쉽다. 하지만 위와 같이 Shut up은 "장난 그만 쳐, 농담 그만 해"라는 의미로 친근감 있게 많이 쓰인다.

Shut up!과 비슷한 뜻으로 쓸 수 있는 것은 Be quiet!(조용히 해!), Stop pulling me!(그만 좀 놀려!), Stop kidding!(농담하지 마!) 등이 있다.

미국 영화를 무수히 보아온 필자가 보기에 이 Shut up도 가장 많이 쓰이는 표현 가운데 하나임에 틀림없다.

Unit 028

왜 안 된다는 거요?

Why not?

Source | 『Blade』(블레이드)
제작연도 | 1998년
감독 | Stephen Norrington

✻ Dialog

Frost	: It's not very effective in direct sunlight, but it's a start. The goal, of course, is to be like you, "the Day-Walker."
Blade	: I don't buy it.
Frost	: **Why not?** The future of our race runs through your bloodstream.
Frost	햇빛을 직접 받는 것은 별로 효과적이지 않아. 하지만 이건 시작이야. 목표는, 물론, 너처럼 "낮에도 다닐 수 있는" 뱀파이어가 되는 거야.
Blade	믿지 못하겠는데.
Frost	왜 못 믿지? 네 혈관을 통해 우리 종족의 미래가 흐르고 있어.

✻ And More

I don't buy it은 "그것을 사지 않겠다"는 뜻이 아니라 회화체에서 "믿을 수 없다" "받아들일 수 없다" "속지 않겠다"라는 뜻으로 많이 쓰인다. 설명이나 평계를 들은 후 쓸 수 있는 표현인데 예를 하나 들어보자.

Son	: Mom, I'm not going to school today. I have cold or something. 엄마, 나 오늘 학교 안 갈래요. 감기 걸린 것 같아요.
Mom	: **I don't buy it.** Hurry up or you'll be late. 그런 평계는 안 통해. 서둘러라, 안 그러면 늦는다.

반면 I'll buy it이라고 하면 "받아들이겠다" "믿겠다"라는 뜻으로도 쓰이지만 "모르겠다" "두손 들었다"라는 뜻으로도 쓰인다. 같은 뜻으로는 Beats me, Search me 등이 있다.

Me, too

나도

Source | 『Mrs. Doubtfire』(미세스 다웃파이어)
제작연도 | 1993년
감독 | Chris Columbus

✻ Dialog

Lydia	:	I miss Dad.
Chris	:	**Me, too.**
Natalie	:	Me most.

Lydia	아빠가 보고 싶어
Chris	나도
Natalie	내가 가장 보고 싶어.

✻ And More

Me, too는 앞에서도 나왔던 표현이다. "나도"라는 뜻으로 쓰이는데 여기서는 I miss Dad, too를 줄인 말이다. 그 밖에 Me가 들어가는 표현 중 많이 쓰이는 표현으로는 Me?(제가요?), It's me(접니다), Between you and me(우리끼리 얘긴데) 등이 있다.
Me, too는 워낙 많이 쓰이는 표현이니까 하나 더 응용해보기로 하자.
전방에서 군 생활을 하다가 10개월만에 휴가 나온 강 일병이 전우 이 일병과 대화를 나누는 상황이다.

Private Kang	:	I'd like to drink like a fish tonight.
		난 오늘밤은 맘껏 마시고 싶어.
Private Lee	:	**Me too.** (= I'd like to drink like a fish tonight, too)
		나도.

Unit 030

나쁘지 않아, 괜찮아

Not bad

Source | 『Run Away Bride』 (런어웨이 브라이드)
제작연도 | 1999년
감독 | Garry Marshall

❋ Dialog

George	: Ah, can't stay away from her, can you? Like a moth to a flame.
Ike	: Guess you'd know about that. You're an entomologist, right? How's business?
George	: Not bad. I was traveling around studying the reproductive and migratory patterns of locusts when Maggie met me.
Ike	: Neuter a locust, feed the world.

George 야, 그녀에게서 떨어질 수가 없지, 안 그래? 마치 불속으로 뛰어드는 불나방처럼.
Ike 넌 거기에 대해 알겠구나. 넌 곤충학자잖아? 하는 일은 어때?
George 나쁘진 않아. Maggie를 만났을 때 난 메뚜기 떼의 번식 양태와 이주 양태를 연구하러 돌아다니고 있었지.
Ike 메뚜기를 거세하고 세계를 먹여 살리자.

❋ And More

Not bad는 안부를 묻는 인사말에 대해 "나쁘지 않아" "괜찮아"의 뜻으로 쓰이는 표현이다. 이 표현은 too나 at all을 붙여서 Not too bad, Not bad at all 등으로 쓰기도 한다. What's new?나 What's up?으로 물을 때는 Not much(별일 없어)라고 대답하기도 한다.
Like a moth to a flame은 "불속으로 뛰어드는 나방처럼"이라는 뜻이다. Like father, like son이라고 하면 "그 아버지에 그 아들"이라는 뜻이다.
can't stay away from her에서는 주어인 you가 생략되었다. 회화에서는 굳이 밝히지 않아도 알 수 있는 주어인 경우 생략하고 쓰는 경우가 많다.
travel은 '여행하다'라는 뜻인데 여기에 부사 around가 붙어 '여기저기를 돌아다니다'는 뜻이 된 것이다. studying은 분사구문으로 앞에 〈접속사 + 주어〉가 생략된 것이다.

두 단어로 끝내는 기타 표현

01.	**That's enough.**	그 정도면 충분해.
02.	**Never fear**(= surrender).	두려워하지 마라, 항복[포기]하지 마라.
03.	**Follow me.**	날 따라와요.
04.	**Get lost!**	꺼져!
	Beat it!	꺼져!
05.	**What's that[this]?**	저거[이거] 뭐야?
06.	**Be careful**	조심해.
	Be thankful	감사하는 마음을 가져.
07.	**Quit bragging[smoking, drinking].**	자랑 그만해 [담배 끊어, 술 끊어].
08.	**Got it?**	알아들었니?
09.	**Not much**(= Not very).	별로
10.	**Not now[today, tomorrow].**	지금은 안 돼 [오늘은 안 돼, 내일은 안 돼].
11.	**No problem.**	문제없습니다.
	No sweat.	염려[걱정]하지 마.
12.	**Let's go[sing].**	갑시다[노래합시다].
13.	**Behave yourself.**	얌전하게 행동해라.
	Where's your education?	너 어디서 배워먹은 짓이야?
14.	**Be nice.**	얌전하게[점잖게] 행동해요.
15.	**It's illegal.**	그건 불법입니다.
	It's against the law.	그건 위법입니다.
16.	**You're wrong[right].**	당신 틀렸어[맞았어].
17.	**Who cares?**	알게 뭐야?

두 단어로 끝내는 기타 표현

18.	**Beautiful Day!**	날씨 좋네요!
	Nice Car!	차가 멋지네요!
19.	**A little.**	조금요.
20.	**Too bad.**	너무 안 됐네.
21.	**Grow up.**	철 좀 들어라
	Act your age.	네 나이에 맞게 행동해.
22.	**No way.**	말도 안 돼, 그럴 리가 없어.
23.	**Wake up.**	일어나!, 기상!, 깨!
24.	**Call 911.**	911에 전화해.
25.	**Help me.**	날 도와주세요.
26.	**Beat it.**	꺼져.
27.	**Fuck off.**	꺼져.
28.	**Forget it.**	됐어요, 잊어버리세요.
29.	**Come on!**	자, 어서
30.	**That's it.**	바로 그거야.
31.	**Like what.**	가령, 예를 든다면.
32.	**Good luck.**	행운을 빌어요.
33.	**Good Day.**	좋은 하루 되십시오.
	Happy Day.	행복한 하루 보내십시오.
34.	**Anything else?**	그 밖에 다른 것 있습니까?
35.	**Unfortunately not.**	불행히도 그렇지 않습니다.
36.	**Hold on!**	기다리세요.
	Just a second[minute, moment].	잠깐만 기다리세요.
37.	**What part?[Which town?]**	어느 지방[어느 마을]요?

두 단어로 끝내는 기타 표현

38.	So what?	그래서 뭐가 어쨌다는 거야?
39.	You asshole!	멍청한 자식!
	You bastard!	이 빌어먹을 놈!
40.	You bitch!	나쁜 년!
41.	Love[teach, tell] me.	날 사랑해줘요[가르쳐줘요, 나에게 말해줘요].
42.	Stop it!	그만해!
43.	Sit down.(= Have a seat, Be seated)	앉아요.
44.	Not always.	항상 그런 건 아니에요.
45.	Keep going.(= Keep trying, Go on)	계속 가, 계속 해.
46.	Don't argue.	논쟁하지 마.
	Don't do it.	그거 하지 마.
47.	Get out.	나가.
48.	After you.	먼저 하십시오.
49.	You bet.	틀림없어, 그렇다니까.
50.	Good idea[Good question, Good job].	좋은 생각이야 [좋은 질문이야, 잘 했어].
51.	That depends.	상황에 따라 다릅니다.
52.	Kind of.(= Sort of)	조금, 약간
53.	(It) doesn't matter.	문제가 안 됩니다.
54.	(I) don't know.	모릅니다.
55.	I have no idea.(= Search me, Beats me)	모르겠는데요.
56.	Will you?	해주시겠습니까?
57.	That's cool[beautiful, fantastic].	그거 멋지다 [아름답다, 환상적이다].

두 단어로 끝내는 기타 표현

58.	**Not yet.**	아직은 아니야.
59.	**About what?**	무엇에 관한 거야?
60.	**Don't ask.**	묻지 마.
61.	**Believe me.**	정말이야.
62.	**How soon[fast, wealthy, new]?**	얼마나 곧(빨리, 부유해, 새로워)?
63.	**Who won?**	누가 이겼어?
64.	**Don't panic**(= Stop panicking)**.**	당황하지 마.
65.	**Shoot him.**(= Kill him)	쏴버려, 죽여 버려.
66.	**Enjoy it.**	즐기세요.
	Have fun.	재미있게 놀아.
67.	**Forgive me.**	날 용서해줘.
68.	**Think positive.**	긍정적으로 생각해.
69.	**Never mind.**	신경 쓰지 마세요.
70.	**Welcome home!**	귀국을[집에 온 것을] 환영합니다.
71.	**(It's) my treat.**(= It's on me, I'll pick up the bill)	내가 살게.
72.	**I'm starving**(= starved, famished)**.** (= I'm hungry)	
		나 배고파 미치겠다.

Part 3

세 단어로 끝내는 할리우드 영어 표현

Mr. McKussic, it seems, has be

I love you even when you're sick and look disgusting.

A good plan today is better than a perfect plan tomorrow.

Life is filled with goodbyes.

What is being punished is not your actions but your intentions.

Today is the first day of the rest of your life.

For the first time in my life, I know what I want to do.

The key to a woman's heart is an unexpected gift at an unexpected time.

When women get breasts, they look sexy, when men get breasts, they look old.

The more one talks, the less the words mean.

You're not the only lonely man. Being free always involves being lonely.

Only grown-up men are scared of women.

To be in chains is sometimes safer than to be free.

All men are guilty, they're born innocent but it doesn't last.

Everybody ends up dead. It's just a matter of when.

We all know this deal is as certain as death and taxes.

It's better to have loved and lost than never to have loved at all.

I figure marriage is kind of like Miami: it's hot and stormy, and occasionally a little dangerous.

The only way to get rid of temptation is to yield to it.

Some write with words, others with silence.

Don Giovanni slept with thousands of women because he was afraid he wouldn't be loved by one.

Gary, this is a dangerous mission. If you happen to get captured, suicide may be the more humane option.

There's a lot to learn from losing.

God made men. Men made slaves.

his business for purely romantic reasons, whilst you have been engaged in romance for purely business reasons.

For the sake of our friends better not answer.

spends the first half of his life trying to figure women out, and the second half trying to learned.

Oh, Nicky, I lo because you peopl

On second

Our society cannot c who

There's one th

Don't adm

You can't ele

If we c them

As long as you lose like a winner, it matt

A man reaches a certa whe

Men look for a wo

 st a man a midnight

Unit 001

Is that necessary?

그거 필요한 겁니까?

Source | 『Around the World in 80 Days』(80일간의 세계 일주)
제작연도 | 2004년
감독 | Frank Coraci

✻ Dialog

Passepartout :	**Is that necessary?**
Mr. Fix :	It's not necessary. Mandatory.
Passepartout	그거 필요한 겁니까?
Mr. Fix	필요한 게 아니라, 필수입니다.

✻ And More

Is that necessary?는 "그거 필요한 거야?"라는 뜻이다. necessary의 반대말은 unnecessary 인데 Is that unnecessary?라고 하면 "그거 필요 없는 거야?"라는 뜻이다. 비슷한 표현으로는 Is that needed?, Is that required? 등이 있다.

그 밖에 Is that으로 시작하는 세 단어 표현으로는 Is that right?(그거 맞습니까?), Is that correct?(그거 정확한거야?), Is that good?(그거 좋아?) 등이 있는데 이 표현들도 할리우드 영화에서 많이 볼 수 있는 표현들이다.

대한민국 남자들은 당연히 군대에 갔다 와야 한다. 따라서 한국 남자들에게 군복무는 mandatory(의무적인, 강제적인)이다. mandatory의 동의어로는 compulsory가 있다. mand라는 어근에는 '명령'이라는 뜻이 있는데 mandatory 외에 demand(요구), mandate(명령, 지시) 등도 어근이 같은 어휘이다.

What's your name?
성함이 어떻게 되죠?

Source | 『True Lies』(트루 라이즈)
제작연도 | 1994년
감독 | James Cameron

✻ Dialog

Simon : Thank you. You saved my life. **What's your name?**
Helen : Helen.
Simon : You can call me Simon.
You're very brave to do this ... You opened it.
Helen : I just glanced inside.

Simon 고마워요. 당신이 내 목숨을 구했소. 이름이 뭐죠?
Helen 헬렌이에요.
Simon 사이먼으로 불러요.
당신은 아주 용감해요. 가방을 열어볼 만큼…
Helen 난 단지 안을 들여다본 것뿐이에요.

✻ And More

영어 회화를 잘하고 싶으면 위와 같은 아주 기초적인 의문사 의문문부터 숙달시켜야 한다. 그런 의미에서 이 세 단어 표현을 골랐고, 회화를 잘하기 위해선 이름과 직업이 술술 튀어나올 정도로 연습을 해야 한다. What's your name?의 공손한 표현은 May I have your name, Please?이다.
영어 회화 표현들에는 What's your _____?로 시작되는 표현이 참 많은데 한번 살펴보기로 하자.

✻ Adaptation

What's your point?   요점이 뭐야?
What's your secret?   비법이 뭐야?
What's your strategy?   전략이 뭐야?

Unit 003

I'm still hungry

난 아직도 굶주려 있습니다

Source | 『Citizen Kane』 (시민 케인)
제작연도 | 1941년
감독 | Orson Welles

❋ Dialog

Carter	: Because we're running a newspaper, Mr. Kane, not a scandal sheet.
Kane	: **I'm still hungry**, Brad. Let's go to Rector's and get something decent. The "Chronicle" has a two-column headline, Mr. Carter. Why haven't we?
Carter	: There is no news big enough.
Carter	우리가 가십 신문이 아니라 신문을 운영하고 있기 때문이죠, 케인 씨.
Kane	브래드, 아직 배가 고프군. 렉터의 집으로 갑시다. 가서 뭔가 그럴 듯한 걸 얻읍시다. "Chrocle"에는 2단짜리 머릿기사가 있는데 우린 왜 없죠?
Carter	그럴 만큼 큰 뉴스가 없습니다.

❋ And More

필자는 I'm still hungry라는 표현을 2002년 월드컵 때 히딩크 감독이 써서 그가 만들어낸 줄 알았는데, 알고 보니 영화 『Citizen Kane』에서도 나오는 대사였다.
이 표현을 이용한 재미있는 대화 한 토막을 공부해보자.

Are you still eating?   너 아직도 먹고 있니?
I'm still hungry.   난 아직도 배고파.

running은 /뤄닝/으로 발음해야 한다. /러닝/으로 발음하게 되면 미국인들은 learning(배우다)로 알아듣기 쉽기 때문이다.

Unit 004

I've had enough

나 실컷 …했다, 나 지겹도록 …했다

Source | 『Highlander』 (하이랜더)
제작연도 | 1986년
감독 | Russell Mulcahy

✽ Dialog

Ramirez	: Get up!
Macleod	: Go to hell! **I've had enough.**
Ramirez	: You might fight. You must keep your head. You may depend on the fate of mortal men.
Macleod	: I don't care. I don't want it.

Ramirez	일어나!
Macleod	꺼져버려! 이젠 지긋지긋해.
Ramirez	넌 싸워야 할지도 몰라. 침착해야 해. 넌 죽음을 앞둔 사람의 운명에 의지해야 할지도 모른다고.
Macleod	상관없어. 난 원치 않아.

✽ And More

I've had enough의 원래 뜻은 "나는 이미 충분히 먹었어"라는 뜻인데 여기서는 충분히 먹었기 때문에 이제는 "질린다, 지긋지긋하다"라는 뜻으로 쓰인 것이다. 동의표현으로 I've had it이 있으니까 이번 기회에 같이 알아두도록 하자. 그 밖에 '싫증난다, 지긋지긋하다'라는 뜻으로 쓰이는 표현으로는 I'm sick and tired of it, I'm fed up with it 등이 있다. 주말에 하루 종일 소파에 앉아 TV를 본다든가, 토요일 저녁부터 일요일 아침까지 고스톱을 친다든가, 온라인 게임을 이틀 동안 쉬지 않고 한다든가, 어떤 일을 질리도록 한 사람들이 쓸 수 있는 표현이다.

한 가지 재미있는 표현으로 휴일 날 하루 종일 소파에 앉아 TV만 보는 사람을 couch potato라고 한다는 것도 알아두자.

Unit 005

How about you?
너는 어때?

Source | 『Eyes Wide Shut』(아이즈 와이드 셧)
제작연도 | 1999년
감독 | Stanley Kubrick

✶ Dialog

Nick	:	Any kids?
Bill	:	An eight-year-old daughter. **How about you?**
Nick	:	I've got a wife and four boys in Seattle.

Nick   아이가 있나요?
Bill   8살 난 딸이 하나 있어요. **당신은요?**
Nick   전 시애틀에 아내와 아들 넷이 있어요.

✶ And More

How about you?는 참 많이 활용되는 표현이다. 같은 표현으로는 What about you?, And you?가 있다.

well-known은 '잘 알려진'이라는 뜻이고, 동의어로는 famous, eminent, distinguished 등이 있다. 그리고 좋지 않은 의미로 '유명한, 악명 높은'이라고 할 때는 infamous나 notorious를 쓰고, 유명한 영화배우들은 star 또는 celebrity라고 한다.

star는 명사뿐 아니라 동사의 의미도 있는데 "그 영화에 누가 주연을 했어?"라고 물을 때 Who's starring it?이라고 표현한다. 영화 얘기가 나온 김에 영화와 관련된 표현들을 살펴보기로 하자.

What kind of movie do you like?   어떤 영화를 좋아합니까?
I like action[sci-fi, adventure, horror] film.   난 액션[공상과학, 모험, 공포] 영화를 좋아합니다.

Let's go to the movies.   영화 보러 가자.
Who is your favorite actor[actress]?   어떤 배우를 가장 좋아합니까?

Unit 006

Where's the fire?

불이라도 났니?, 왜 그렇게 서두르니?

Source | 『Batman Returns』(배트맨 리턴)
제작연도 | 1992년
감독 | Tim Burton

❋ Dialog

Catwoman	: **Where's the fire?**
Batman	: Shreck's. You ...
Catwoman	: How could you? I'm a woman ...
Batman	: I'm ... sorry, I ...

Catwoman	어디 불이라도 났나요?
Batman	쉬렉의 건물에. 당신은…
Catwoman	어떻게 그럴 수가 있죠. 난 여잔데…
Batman	미안… 해요, 난…

❋ And More

사건이 생겨 쉬렉 사의 건물로 출동하던 배트맨이 캣우먼과 만나 싸우는 장면이다. 배트맨이 반격을 가하자 캣우먼이 어떻게 여자에게 그럴 수 있냐고 따지는 장면이다.

이 표현은 "어디 불이 있어?" "어디에 불이 났어?"라는 뜻이 아니라 불이 날 정도로 "급한 일이라도 있는 거야?"라는 뜻이다. 이 표현은 토플이나 토익 시험에 자주 나올 수 있는 이디엄이니까 꼭 알아두어야 한다. 유사 표현으로는 What's the hurry?, What's the rush? 등이 있다.

그리고 How could you?도 자주 써먹을 수 있는 표현인데 원래는 How could you do this to me(내게 어떻게 이럴 수가 있어?)를 줄여서 말한 것이다. How와 관련된 표현으로 How can I thank you enough?(어떻게 감사를 드려야 할지?), How do you feel today?(오늘은 좀 어떠세요?), How can I get there?(거기에 어떻게 가죠?), How's it going?(어떻게 되어 가?) 등도 알아두면 유용한 표현이다.

Unit 007

나 신경 안 써

I don't care

Source | 『Godzilla』 (고질라)
제작연도 | 1998년
감독 | Roland Emmerich

✣ Dialog

Jill	: I need your helicopter.
Huey Pilot	: Forget it! I told you I don't have clearance.
Jill	: I'm giving you the clearance.
Huey Pilot	: Screw you. Bring me up on charges, I don't care. No way I'm leaving the ground.

Jill	네 헬기가 필요해.
Huey Pilot	안 돼. 말했잖아. 나는 이륙 권한이 없다고.
Jill	내가 권한을 준다니까.
Huey Pilot	퍽이나. 내게 죄를 뒤집어씌우는 건 상관없지만 이륙하는 건 불가능해.

✣ And More

헬리콥터는 구어체에서 chopper라고 표현하기도 한다.
그리고 Forget it!은 마치 한 단어를 읽어버리듯이 /ㅍ + 훠개릿/으로 발음해야 한다.
No way는 "말도 안 돼" "그럴 리가 없어" "불가능해"라는 뜻으로 꼭 알아두어야 할 필수 이디엄이다.
흔히 실수를 하는 경우가 많은데 상대가 I'm sorry(미안합니다)라고 할 때에도 "괜찮다"는 뜻으로 You're welcome이라고 하는 경우가 있는데 이건 잘못된 대답이다. You're welcome은 Thank you와 같은 말에 대한 대답으로만 쓰이고 I'm sorry에 대해서는 I don't care, That's all right, I'm all right 같은 말로 대답을 해야 한다.

Unit 008

I can't sleep
잠을 잘 수가 없어요

Source | 『12 Monkeys』(12 몽키스)
제작연도 | 1995년
감독 | Terry Gilliam

❋ Dialog

Wayne	: Sorry.
Railly	: No, I'm in a state of hyperalertness. **I can't sleep**.
Marilou	: Did you take the sedative?
Railly	: I hate those things. They mess my head up.

Wayne	미안해.
Railly	아니, 내가 너무 예민한 상태라서. 잠을 잘 수가 없어.
Marilou	진정제 먹었어?
Raily	난 그런 거 싫어해. 진정제를 먹으면 머릿속이 뒤죽박죽이 되거든.

❋ And More

미국 영화를 보면 "난 …할 수 없어"라는 표현이 참 많이 나온다. 예를 들면, I can't do it(난 할 수 없어), I can't believe it(난 믿을 수 없어), I can't come(난 올 수 없어), I can't buy it(난 살 수 없어) 등과 같이 사용한다.

그리고 I can't sleep은 발음에 주의해야 한다. 부정의 can't는 주어 I를 상대적으로 좀 약하게 발음하면서 can't을 /캐앤/ 하고 약간 강하고 길게 발음해야 한다. 참고로 I couldn't get a wink of sleep last night은 "나 어젯밤 한 잠도 못 잤어"라는 뜻으로 자주 쓰이는 표현이다.

그리고 약 등을 '복용하다'라고 할 때는 take를 쓴다는 것도 알아두자. How many pills a day should I take?라고 하면 "하루에 몇 알 복용해야 하나요?"라는 뜻이고, Take this medicine twice a day after a meal이라고 하면 "이 약을 하루에 두 번 식후에 복용하세요"라는 뜻이다.

Unit 009

What's the matter?

무슨 일이에요?, 왜 그래요?

Source | 『Men in Black』 (맨 인 블랙)
제작연도 | 1997년
감독 | Barry Sonnenfeld

✽ Dialog

Moe Howard :	How is she, doctor?
Dr with Patient :	A slight hope.
Curly Howard :	That's too bad. **What's the matter?**
Dr with Patient :	She's in a coma.

Moe Howard	박사님, 그 여자 어때요?
Dr with Patient	약간의 희망이 있습니다.
Curly Howard	안 됐네요. 무슨 일이죠?
Dr with Patient	그 여자 혼수상태에 있습니다.

✽ And More

What's the matter?는 미국 영화나 드라마에서 가장 많이 듣게 되는 표현 중 하나다. 어떨 때는 with you가 붙어 "너 왜 그러니?" "너 무슨 일 있어?"라는 뜻을 나타내기도 한다. with him이나 with her, with them이 따라붙을 수도 있다.
How is she?를 발음할 때는 /하우 이즈 쉬/라고 발음하지 말고 /하우 이: 쉬/라고 발음해서 is의 /즈/발음을 내지 말아야 원어민 발음에 가까워진다.

✽ Adaptation

What seems to be the problem?	문제가 뭐지요?
What's the problem?	문제가 뭐야?
What's wrong?	뭐가 잘못 됐어?

Unit 010

You're under arrest
당신을 체포합니다

Source | 『Casino』(카지노)
제작연도 | 1995년
감독 | Martin Scorsese

❋ Dialog

Piscano	: Those are my m ... Those are my mother's books.
FBI Agent	: **You're under arrest**.
Nicky	: What a fuckin' balloon head.
Piscano	: What are you guys doin'?

Piscano	저건 내 어… 저건 어머니의 책이에요.
FBI Agent	당신은 체포되었소.
Nicky	이런 멍청이.
Piscano	당신들 뭐 하는 거예요?

❋ And More

You're under arrest는 일상 회화에서는 쓸 일이 별로 없다. 하지만 액션물이나 형사물에서는 자주 마주치게 되는 표현이다.

under arrest는 /언더 (어) 뤠스(트)/가 되어 결국 /어/발음이 겹쳐 리스닝 초보자들은 arrest를 rest로 잘못 들을 수도 있다. 액션 영화에 많이 등장하는 영어로 Feds가 있는데 FBI Investigators 또는 FBI agents의 준말로 보면 된다.

under는 '~하에 있는, ~중인'이라는 뜻인데 이 under가 들어가는 표현을 좀더 살펴보기로 하자.

The building is under construction.	그 건물은 공사중이다.
The fortress is under fire.	요새가 공격을 받고 있다.
The offer is under consideration.	그 제안은 고려중이다.

Unit 011 Be my guest

편하신 대로 하세요, 제가 모시겠습니다.

Source | 『Pulp Fiction』(펄프 픽션)
제작연도 | 1994년
감독 | Quentin Tarantino

❉ Dialog

Mia	: Yummy!
Vincent	: Can I have a sip of that? I'd like to know what a five-dollar shake tastes like.
Mia	: **Be my guest.** You can use my straw, I don't have cooties.

Mia 　 맛있어!
Vincent 그거 한 모금 맛봐도 될까? 5달러짜리 세이크는 어떤 맛인지 알고 싶어.
Mia 　 좋을 대로.
이 같은 건 없으니까 내 스트로를 사용해.

❉ And More

Be my guest는 "나의 손님이 되세요"라는 원래 뜻에서 "좋으실 대로 행동하세요" "제가 모시겠습니다"라는 의미를 나타내는 표현으로, 알아두면 유용하게 써먹을 수 있는 표현이다.
이와 관련하여 Help yourself(마음껏 드세요), Make yourself comfortable(편하게 계세요), Make yourself at home(편하게 계세요), Have some more(더 드세요), Can I have some more[seconds]?(좀더 먹어도 될까요?) 등도 알아두면 유용하다.
sip은 동사로는 '홀짝홀짝 마시다'라는 뜻이고, 명사로는 '한 모금 마시는 것'을 의미한다. cootie는 '이'라는 뜻이니까 일상회화에서 써 먹을 일이 거의 없으니 굳이 외우지 않아도 되는 단어다.

Where you going?
어디가세요?

Source | 『Forrest Gump』(포레스트 검프)
제작연도 | 1994년
감독 | Robert Zemeckis

❊ Dialog

Jenny	: Can I have a ride?
Driver	: **Where you going?**
Jenny	: I don't care.
Driver	: Get in the truck.
Jenny	좀 태워줄래요?
Driver	어디 가는데요?
Jenny	아무 데나요.
Driver	타요.

❊ And More

Where you going?과 같이 의문사로 시작되는 기본 표현부터 숙달시켜 나가자. 회화에서는 Where (are) you going?에서 are를 빼고 쓰는 경우가 많다. 비슷한 표현으로는 Where you headed?이 있다. 발음은 /웨(어) 유 헤릿/이 된다. 택시기사가 "어디로 모실까요?"라고 물을 때는 간단하게 Where to?라고 하기도 한다.

Can I have a ride?의 동의 표현으로 Would you give me a ride?가 있는데 이 표현을 여자가 밤늦은 시간에 남자에게 쓰게 되면 오해를 불러일으킬 수도 있으니까 여성분들은 주의해서 사용하길… ride 대신에 lift를 써서 Would you give me a lift로 쓰기도 한다.

See you later

나중에 봅시다, 또 봅시다

Source | 『Love Actually』(러브 액츄얼리)
제작연도 | 2003년
감독 | Richard Curtis

✽ Dialog

Karen	: Show time. Quickly. **See you later**.
P.M.	: Yeah, probably.
Karen	: Thank you, Prime Minister.

Karen 시작한다. 서둘러야겠어. 나중에 뵙죠.
P.M. 볼 수 있으면요.
Karen 감사합니다. 각하.

✽ And More

"다음에 또 보죠" "또 봐요"라는 뜻으로 자주 쓰이는 표현이다. 회화에서는 줄여서 See ya라고 하기도 한다. 그 밖에 헤어질 때의 인사로는 See you again, See you soon, See you tomorrow 등이 있다.

show time은 행사 또는 연극이 시작되는 시간을 의미한다.

probably는 probably I will see you later의 뜻을 내포하고 있다. probably, perhaps, maybe, possibly는 모두 비슷한 뜻으로 쓰이는 어휘들인데, maybe는 가능성이 낮은 경우에 사용되고, probably는 가능성이 높은 경우에 사용된다. 그리고 perhaps와 possibly는 가능성은 있지만 확실하지는 않을 때 사용한다.

'각하'라는 말은 우리나라의 청와대에 근무하시는 분들이 제일 많이 쓰는데 영어로는 Mr. President라고 하면 된다. President은 '대통령'이라는 뜻 외에 '회장, 사장, 원장, 총장, 의장' 등의 뜻이 있기 때문에 문맥에 따라 잘 해석해야 한다.

Unit 014

How'd it go?

그거 어땠니?, 그거 어땠어요?

Source | 『Good Will Hunting』 (굿 윌 헌팅)
제작연도 | 1997년
감독 | Gus Van Sant

❋ Dialog

Sean	: Yeah? You got a lady now?
Will	: Yeah, I went on a date last week.
Sean	: How'd it go?
Will	: Fine.
Sean	뭐? 너 지금 여자 생긴 거니?
Will	응, 지난주에 데이트했어.
Sean	어땠어?
Will	좋았어.

❋ And More

"취임식(inauguration ceremony) 어땠어?" "시상식(award ceremony) 어땠어" "결혼식(wedding ceremony) 어땠어?"가 바로 이 How'd it go?이고 'd는 did의 축약형이다.

date는 사귀는 남자나 여자라는 의미도 있고, 딱히 남녀간의 만남이 아니더라도 '즐거운 만남'을 date로 표현하기도 한다. 그리고 '사귀고 있다'라는 숙어로는 go out with, go steady with가 있다. 그럼 '불륜관계를 맺고 있다'는 어떻게 표현할까? Have an affair with ...이다.

"어땠어?"라는 물음에 Fine이라는 한 단어로 대답했는데 It was fine을 줄여서 표현한 것이다. 그 밖에 대답으로 쓸 수 있을 만한 표현으로는 (It was) Good, (It was) Fantastic, (It was) Great, Not bad 등이 있다.

Unit 015

너 좋아 보여

You look fine

Source | 『The Philadelphia Story』(필라델피아 스토리)
제작연도 | 1940년
감독 | George Cukor

✽ Dialog

Tracy Lord	: Hello.
Macaulay Connor	: You look fine.
Tracy Lord	: I feel fine.

Tracy Lord	안녕하세요.
Macaulay Connor	너 좋아 보인다.
Tracy Lord	좋아요.

✽ And More

You look beautiful, You look tired, You look pale, You look unhappy 등과 같이 "너 아름다워 보여" "너 피곤해보여" "너 창백해 보여" "너 행복해 보이지 않아"는 회화에서 많이 쓸 수밖에 없는 표현들이다. 그리고 look은 2형식 동사이기 때문에 뒤에 부사가 아닌 형용사가 이어진다는 것도 기억해두자. 이런 동사로는 become, go, grow, prove, turn, make, smell, taste, sound 등이 있다.

나와 친한 동료 강사는 여학생만 보면 첫마디가 You look beautiful(미인이십니다)이다. 그래서 그런지 이 강사는 과목이 별로 인기 있는 과목이 아닌데도 여학생수가 엄청나게 많았다. 나는 주로 You look sexy를 쓰는 편이다. Ha, ha, ha …

Oh, my God!

오 맙소사!

Source | 『The Sixth Sense』(식스 센스)
제작연도 | 1999년
감독 | M. Night Shyamalan

✱ Dialog

Cole	:	You know that accident up there?
Lynn	:	Yeah!
Cole	:	Someone got hurt.
Lynn	:	They did?
Cole	:	A lady. She died.
Lynn	:	Oh, my God.

Cole	저쪽에서 사고 난 것 알죠?
Lynn	응.
Cole	누군가가 다쳤어요.
Lynn	그래?
Cole	여자 분인데, 죽었어요.
Lynn	오, 맙소사!

✱ And More

Oh, my God은 크게 놀랐을 때 사용하는 표현인데, 하도 많이 쓰는 표현이라서 그런지 거의 우리말처럼 쓰이고 있다. 교통사고로 다쳤을 때는 주로 injure를 쓰고, 군인들이 전투 중 폭탄이나 총탄에 의해 부상을 입었을 때는 wound를 쓴다.

got hurt는 수동 표현이다. 수동태를 만들 때 be동사 대신에 get을 써서 수동태를 만들기도 한다. be동사를 쓰는 경우는 단순히 그 상태에 중점을 둔 표현이고, get을 쓰는 경우는 동작성을 강조한 표현이다. 예를 들면 I'm promoted라고 하면 단순히 승진한 상태만을 표현하지만, I got promoted라고 하면 자신이 승진을 위해서 노력했고 그 결과로 승진했다는 뜻을 내포한다.

며칠 전 교황(Pope)이 서거하셨는데 die의 고급 표현은 pass away라는 것도 알아두자.

Unit 017

Want some gas?

기름 좀 넣겠소?

Source | 『Some Like It Hot』(뜨거운 것이 좋아)
제작연도 | 1959년
감독 | Billy Wilder

✱ Dialog

Garageman	: **Want some gas?**
Jerry	: Yeah, about forty cents's worth, please.
Garageman	: Put it on Miss Weinmeier's bill?

Garageman 기름 좀 넣으시겠어요?
Jerry 40센트어치 주세요.
Garageman 기름 값은 와인마이어 양의 계산서에 올려놓을까요?

✱ And More

Want some gas?는 **Do you want some gas?**를 줄여서 표현한 것이다. 회화에서는 조동사와 주어를 생략한 채 표현하는 경우가 많다. 두 단어에서 배운 Wanna bet?도 Do you가 생략된 형태이다. 응용 표현 Want some coffee?(커피 마실래?), Want some coke?(콜라 마실래?)도 연습해보자.

"차에 기름 좀 넣어주세요"라고 할 때는 Fill her up이라고 표현하기도 한다. 차를 여성으로 취급해서 her를 쓰는 것이다. 물론 her 대신 it을 써도 된다.

gas는 gasoline의 축약형이고, '계산서'는 check 또는 tab이라고도 한다. Put it on은 세 단어지만 마치 한 단어를 발음하듯이 '푸리론'으로 발음해야 한다.

Unit 018
What's the catch?
무슨 꿍꿍이로 그러지?

Source | 『Mr. Baseball』 (미스터 베이스볼)
제작연도 | 1992년
감독 | Fred Schepisi

✽ Dialog

Hiroko	: Are you free tonight for dinner?
Jack	: Did I miss something here? **What's the catch?**
Hiroko	: No catch. We have business to discuss.
Jack	: Where and when?
Hiroko	: I'll pick you up at your apartment, nine o'clock.

Hiroko	오늘 저녁 식사할 시간 있어요?
Jack	내가 모르는 게 있었나? **속셈이 뭐요?**
Hiroko	다른 속셈은 없어요. 협의할 업무가 있어요.
Jack	언제 어디에서?
Hiroko	9시에 당신의 아파트로 데리러 가겠어요.

✽ And More

영화를 좋아하고 즐긴다면 이 표현은 꼭 알아두어야 한다. 자주는 아니지만 종종 접하게 되는 표현이기 때문이다. 일본이 독도가 자기네 땅이라고 자꾸 우기는데 그 저의가 뭔지 궁금해진다. 이럴 때 "걔네들 꿍꿍이가 뭐야?"와 같은 표현을 쓸 수 있는데 영어로는 What's the catch?라고 한다. 비슷한 표현으로 What's the trick?이 있는데 이 말은 "비결이 뭐야?"라는 뜻이다.
미국인과 만날 약속을 하게 되면 먼저 날짜와 장소를 정해야 되는데 이때 쓰는 표현이 When and where?(언제 어디에서?)이다. 굳이 When and where shall we meet?와 같이 길게 표현할 필요가 없다.

Do you understand?
알아들었어?

Source | 『Outbreak』(아웃 브레이크)
제작연도 | 1995년
감독 | Wolfgang Petersen

✹ Dialog

Gillespie : Captain, your ship will have to be quarantined at sea. No one is to go near this freezer. **Do you understand?** Someone else must have seen the monkey.

Gillespie : 선장님, 당신 배는 바다에서 방역을 받아야 합니다. 누구도 이 냉장고 근처에 가서는 안 됩니다. **아시겠습니까?**
다른 누군가가 그 원숭이를 봤음이 분명합니다.

✹ And More

위와 같이 Do you understand?라고 하지 않고 그냥 Understand?만 써서 끝을 올려서 발음해도 같은 뜻이 된다.

〈must + have + p.p.〉는 과거에 대한 확실한 추측을 나타내는 표현으로 회화에서 자주 쓰이는 기본 문형이니 반드시 익혀두기 바란다. must have seen은 /마스트 해브 씬/이 아니라 /마스태(브) 또는 마스터(브)씬/으로, must와 have를 연음시키면서 have의 h발음을 거의 죽여서 발음해야 한다.

그 밖에 〈should + have + p.p.〉는 과거에 하지 못한 일에 대한 후회, 〈might + have + p.p.〉와 〈could + have + p.p.〉는 과거에 대한 불확실한 추측을 나타내는 구문이다.

I should have studied harder last night.	어젯밤에 좀더 열심히 공부했어야 했는데.
He might have been there then.	그는 그때 거기 있었을지도 모른다.

Unit 020

당신도요

Same to you

Source | 『Jerry MacGuire』(제리 맥과이어)
제작연도 | 1996년
감독 | Cameron Crowe

❋ Dialog

Dorothy	: I think you should not come in, or come in depending on how you feel.
Jerry	: **Same to you**.
Dorothy	: No, I have to go in. I live here.
Jerry	: Right. I'll come in.
Dorothy	내 생각에 넌 들어가지 않는 게 좋겠어. 아니면 네 기분에 달려 있겠지.
Jerry	너도 마찬가지야.
Dorothy	아니야. 난 들어가야 해. 난 여기 살거든.
Jerry	맞아. 난 들어갈 거야.

❋ And More

Happy New Year!, Merry Christmas!, Happy Holidays!, Happy Moon Festival!, Have a nice weekend!가 나왔을 때도 Same to you를 쓸 수 있다. Same to you는 "당신도요"라는 뜻인데 상대가 인사를 건네올 때 그 말을 그대로 받아 응대할 때 사용되는 표현이다. 이를테면 요즘 네티즌들이 자주 쓰는 '반사'에 해당하는 표현이라고 할 수 있다.

의미는 좀 다르지만 Same here도 알아두면 유용한 표현이다. 이 말은 음식을 주문할 때 먼저 주문한 사람과 같은 것으로 달라는 표현으로 자주 쓰이는 표현이다. 우리에게 친숙한 Me too와 같은 표현이다.

come in은 영어 회화나 청취 훈련을 거의 안 해본 독자들에게는 coming으로 들릴 수도 있다. 비슷하게 들리는 발음들은 모두 문맥으로 확인해야 한다.

Unit 021

잘 지내?, 재미 좋아?

How's it going?

Source | 『Cast Away』 (캐스트 어웨이)
제작연도 | 2000년
감독 | Robert Zemeckis

✣ Dialog

| Raman : Mrs. Peterson.
| Mrs. Peterson : Ramon, Hey, **How's it going?**
| Raman : How're you doing?

| Raman 피터슨 아줌마.
| Mrs. Peterson 안녕, 라몬, 재미 좋아?
| Raman 잘 지내셨어요?

✣ And More

결국 How's it going?이나 How're you doing?, How are things?, How's your business?는 거의 같은 의미로 쓰이는 표현이다.

"인생이란 게 다 그런 거지"라는 표현으로 That's the way the cookie crumbles과 That's the way it goes도 안부 인사를 주고받을 때 유용하게 써먹을 수 있는 표현이니 익혀두기 바란다.

대화라는 건 이렇게 서로 안부를 물으면서 시작되는 거니까 너무 간단하다고 우습게 생각하지 말고 훈련을 게을리하지 않길 바란다. 우리나라 대학생들이 수준 높은 원서들을 독해하면서도 종종 기초적인 회화조차 못하는 사람들이 많다. 세계에서 가장 영어 회화와 청취가 약한 유학도들 중에는 한국에서 온 유학생들이 대표급이다.

미국에 유학 가기 전 토플 문법, RC, LC를 실력으로 푸는 게 아니라 답을 찍는 기술을 익혀 점수를 따냈으니 그럴 수밖에 없는 것이다. 오죽 하면 미국의 대학에서 한국 유학생들의 토익, 토플 점수를 액면 그대로 받아들여서는 안 된다고까지 하겠는가?

Unit 022   Got a minute?
잠깐 시간 낼 수 있어?

Source | 『Uncle Buck』(아저씨는 못 말려)
제작연도 | 1989년
감독 | John Hughes

❋ Dialog

Tia	: Uncle Buck?
Buck	: Yeah?
Tia	: Got a minute?
Buck	: Sure! I got lots of minutes.

Tia	벅 아저씨?
Buck	응?
Tia	잠깐 시간 있으세요?
Buck	그럼! 시간 많지.

❋ And More

Have you got a minute?에서 Have you를 빼고 끝만 올려서 세 단어로 표현했는데 실제로 미국인들은 자기들끼리 얘기할 때 이렇게 앞부분을 생략하고 쓰는 경우가 많다.

Sure I got plenty of time이라고 답변할 수도 있는데 time은 불가산 명사이기 때문에 복수형을 만들 수 없다. 반면 second, minute, hour 등 시간을 나타내는 명사는 가산 명사이다. 따라서 second, munite, hour는 many나 few의 수식을 받고, time은 much나 little의 수식을 받는다.

lot이 나온 김에 한 가지 더 알아둘 것은 a fat lot이라고 하면 '많다'는 뜻이 아니라 반어적으로 쓰여 '조금도 ~않다'는 뜻이 된다. A fat lot he knows about baseball이라고 하면 "그는 야구에 대해 아는 것이 전혀 없다"는 뜻이 된다.

Time is money(시간은 금이다)라는 명언대로 시간관리를 잘해서 쓸데없는 데에 시간 낭비하지 말길…

Own or rent?

소유예요, 임대예요?

Source | 『Uncle Buck』(아저씨는 못 말려)
제작연도 | 1989년
감독 | John Hughes

❋ Dialog

Miles	: You have a house?
Buck	: Apartment.
Miles	: Own or rent?
Buck	: Rent.

Miles	집 있으세요?
Buck	아파트에 살아요.
Miles	자가입니까, 임대입니까?
Buck	임대입니다.

❋ And More

표제어와 같은 표현들이 참 많다. 예를 더 들면, Sell or buy?(팔 거야 살 거야?), Sink or swim(흥하든 망하든), Cash or card?(현금으로 내실 거예요, 아니면 카드로 지불하시겠습니까?), Sooner or later(조만간) 등이 있다.

Sell or buy나 Sink or swim의 경우에는 발음규칙을 모르면 잘 들리지 않는다. 원어민들은 sell과 or를 연음시켜 /쎌러 바이/로, sink와 or를 연음시켜 /씽커스윔/으로 발음하기 때문이다. 영어를 잘 하려면 그만큼 발음규칙도 중요하다는 걸 강조하고 싶다.

You have a house도 앞에 조동사 Do가 생략된 형태이다. 회화에서는 평서문에서 끝만 올려 발음함으로써 의문의 뜻을 나타내기도 한다.

Wanna prove it?

증명할래?

Source | 『Urban Cowboy』 (도시의 카우보이)
제작연도 | 1980년
감독 | James Bridges

✻ Dialog

Sissy	: You a real cowboy?
Bud	: Depends on what you think a real cowboy is?
Sissy	: Can you 2-step?
Bud	: Course.
Sissy	: **Wanna prove it?**

Sissy 당신 진짜 카우보이예요?
Bud   그야 당신이 진정한 카우보이를 어떻게 생각하느냐에 따라 다르죠.
Sissy 당신 투스텝할 줄 알아요?
Bud   물론이죠.
Sissy 입증해볼래요?

✻ And More

wanna는 want to를 줄여서 표현한 것이다. going to도 줄여서 gonna로 표현한다. 원래 문장은 Do you want to prove it?인데 회화에서는 이렇게 줄여서 표현한다. 주의할 점은 끝을 올려서 발음해야 한다는 것이다.

다른 예를 더 들어보면, Wanna come along?(같이 갈래?), Wanna join us?(같이 어울릴 래?), Wanna have a drink?(한잔할래?) 등과 같은 것이 있다.

첫째 줄은 You are …에서 are가 생략되었고, 둘째 줄에서는 Depends앞에 It가 생략되었다. 넷째 줄에서는 Of course의 Of가 생략되었고, 다섯째 줄에서는 Do you wanna …에서 Do you가 생략되었다.

상대가 어떤 부탁을 할 때 "무슨 부탁이냐에 따라 들어줄 수도 있고 못 들어줄 수도 있다"고 말하고 싶을 때는 간단하게 It depends라고 표현한다.

Couldn't be better

더할 나위 없이 좋습니다, 최상입니다

Source | 『Truman Show』(트루먼 쇼)
제작연도 | 1998년
감독 | Peter Weir

✽ Dialog

Ron and Don : How's your lovely wife?
Truman   : Good, good. How about yours?
Ron and Don : Ohhh ... **Couldn't be better.**

Ron and Don 사랑스런 부인은 잘 계신가?
Truman   그럼요. 당신 부인은?
Ran and Don 더할 나위 없이 좋아.

✽ And More

Coundn't be better는 꼭 알아두어야 할 표현이다. "더 이상 좋아질 수가 없다"라는 뜻이니 "지금이 최상이다"라는 의미가 되는 것이다. 비슷한 표현으로 As good as it gets(이보다 더 좋을 순 없다)가 있는데 이 표현은 영화 제목으로도 우리에게 친숙한 표현이다.
이 표현은 It couldn't be better에서 It이 생략된 표현이고, 반대로 Couldn't be worse라고 하면 "최악입니다"가 된다. It could be better도 Couldn't be worse와 비슷한 표현인데 좀 더 긍정적인 사고를 엿볼 수 있는 표현이다.
Couldn't가 들어가는 관용 표현을 하나 더 알아두자. Couldn't agree with you more라고 하면 "지당하신 말씀입니다" "전적으로 동감입니다"라는 뜻이다.
Good은 /굳/과 /귿/의 중간 정도의 발음이니까 /굳/이라고 발음하지 않도록 주의한다.

Unit 026 그게 뭐죠?

What is it?

Source | 『Free Willy』(프리 윌리)
제작연도 | 1993년
감독 | Simon Wincer

✱ Dialog

Perry : What's up, man? **What is it?**
Jesse : It's an orca.
Perry : Awesome.

Perry 어떻게 지내, 친구? 그건 뭐야?
Jesse 범고래야.
Perry 멋지다.

✱ And More

회화가 잘 안 되는 사람들은 중학교 1학년 때 배우는 What is it?도 입에서 안 튀어나온다. 발음할 때는 이 세 단어를 마치 한 단어 읽듯이 is를 좌우로 연음시켜 /와리짙/으로 발음해야 한다. What was it?은 /와롸짙/으로 발음해야 한다.
What's up?은 친한 사이에 인사말로 아주 자주 쓰이는 표현이다. 위에 뭐가 있냐는 뜻이 아니라 "별일 있어?"라는 뜻이라는 걸 꼭 기억해두자. 비슷한 말로 What's new?가 있다.
orca(범고래)와 같은 단어는 회화에서 쓸 일이 거의 없으니까 굳이 외우지 않아도 된다. '고래'는 그냥 whale만 알고 있으면 되는데 이 whale이 동사로 쓰이면 '세게 때리다' '강타하다'라는 뜻이 된다.
Awesome 자리에는 Great, Fantastic, Beautiful, Wonderful 등이 들어갈 수 있다.

Unit 027

전 떠돌이입니다, 전 건달입니다

I'm a bum

Source | 『Hudson Hawk』 (허드슨 호크)
제작연도 | 1991년
감독 | Michael Lehmann

❋ Dialog

Alex : I'm in. Have you seen the public service announcement for diabetes? We can ride horses, play LaCrosse, and knock off auction houses. I got a plan. You won't have to hail Cesar or Gates.

Hawk : **I'm a bum.**

Alex 나 있어. 너 당뇨병에 관한 공익 광고 본 적 있어? 우리는 말을 타고 라크로스를 할 수도 있고, 경매에 나온 집을 낙찰받을 수도 있어. 계획이 있다고. 세자나 게이츠를 부를 필요는 없을 거야.

Hawk 난 건달이야.

❋ And More

할리우드 영화를 보다보면 "전 …입니다"라는 표현을 자주 보게 된다. 여러분들도 자기 소개를 하거나 자기 직업을 밝힐 때가 있으니까 우습게 여기지 말고 아래와 같은 응용표현들도 알아두시기 바란다.

❋ Adaptation

I'm a cook.   전 요리사입니다.
I'm an artist.   전 화가입니다.
I'm a politician.   전 정치를 하는 사람입니다.
I'm a journalist.   전 기자입니다.
I'm not a moralist, I'm a lawyer.   전 도덕주의자가 아니라 변호사입니다.

Unit 028

Good for her

(그 여자한텐) 잘 된 일이군요

Source | 『It Could Happen to You』 (당신에게 일어날 수 있는 일)
제작연도 | 1994년
감독 | Andrew Bergman

✽ Dialog

Bo	: She bought it a couple of weeks ago.
Charlie	: Good for her.
Bo	: Go ahead and say hello.
Charlie	: Oh, forget it. She's busy.

Bo	그 여자가 2주 전에 그걸 샀대.
Charlie	잘된 일이군.
Bo	어서 인사해.
Charlie	아, 그만 두지 뭐. 그 여자 바쁘잖아.

✽ And More

실제 영화나 대화에서는 Good for you(너한테 잘된 일이구나)가 더 많이 쓰인다. 여기서는 단지 you가 her로 바뀐 것뿐이다. 그러니까 good for him, good for them도 영화에서 볼 수 있을 것이다.

She's busy의 busy를 강조하려면 She's so busy, She's very busy, She's really busy를 쓰면 되는데 이외에 She's tied up도 "그 여자 눈코 뜰새 없이[정신없이] 바쁘다"라는 표현으로 많이 쓰일 수 있다.

그런데 She's choosy 또는 She's picky는 무슨 뜻일까? 이것저것 가리거나 고르는 게 많은 성격을 choosy나 picky로 표현한다. 즉, "그 여자 성미가 까다로워"라는 뜻이다. He is picky on food라고 하면 "그는 음식에 까다롭다"라는 뜻이 된다.

Forget it은 "잊어버려"라는 뜻이지만 상대가 어떤 일로 사과를 할 때 이 표현을 쓴다면 "신경 쓰지 마"라는 뜻이 된다.

Unit 029

Leave me alone!

나 혼자 있게 놔둬!

Source | 『Beauty and the Beast』 (미녀와 야수)
제작연도 | 1991년
감독 | Gary Trousdale & Kirk Wise

❋ **Dialog**

Avenant	: Beauty, I shall snatch you away from this senseless existence!
Beauty	: **Leave me alone!**
Avenant	: I displease you.
Beauty	: No, you don't, Avenant.
Avenant	아름다운 아가씨, 전 당신을 이 무의미한 생활로부터 구해드릴 거예요.
Beauty	절 그냥 내버려두세요.
Avenant	저 때문에 불쾌하시군요.
Beauty	아니, 그렇지 않아요, 애브넌트.

❋ **And More**

Beauty가 아름다운 아가씨라면 멋쟁이 아저씨나 신사는 뭐라고 표현하면 좋을까? Mr. Perfect나 Mr. Gentleman, Mr. Handsome 정도를 쓸 수 있겠다.
Leave me alone!은 ve가 me에 동화되어 전체적으로 /림미얼로운/으로 발음된다. 자, 이처럼 동화 현상이 일어나는 회화 표현들을 몇 개 공부해보기로 하자.

❋ **Adaptation**

Give me a milk. /김미어 미얼(크)/ 우유 한 잔 주세요.
Love me. /러(브) 미/ 날 사랑해줘.
Give me a cigarette. /김미어 씨거랫/ 담배 한 가치 줘.
Give me a second. /김미어 쌔컨(드)/ 잠깐만요.

Take it easy

진정해, 서두르지 마

Source | 『Above the Law』(형사 니코)
제작연도 | 1988년
감독 | Andrew Davis

✷ Dialog

Jackson : Why don't you sons-a-bitches ever treat someone with a little respect?
Nico : **Take it easy**, sister.
Jackson : I ain't your goddamn sister. We ain't got the same mother, motherfucka.

Jackson 이 자식아, 넌 도대체 왜 다른 사람을 조금도 존중해주지 않는 거지?
Nico 진정해.
Jackson 나는 빌어먹을 네 동생이 아니라고. 우리는 엄마가 다르다고, 이 비열한 자식아.

✷ And More

Take it easy는 누군가 흥분해 있을 때 쓸 수 있는 표현이다. Calm down, Calm yourself, Cool it을 쓸 수도 있다. Take things easy라고 하면 "서두르지 마" "덤비지 마"라는 뜻이 된다.

Why don't you는 상대방에게 조언을 할 때 주로 쓰는 표현이다. 상대가 아프다고 하면 Why don't you go to see a doctor?(의사에게 진찰을 받아보지 그래?)라고 할 수 있다. 그 밖에 Why not이라는 표현도 알아두면 유용하다. 해석하자면 "왜 안 되겠어"라는 뜻인데 상대가 어떤 요청이나 제안을 했을 때 쓸 수 있는 표현이다.

〈with + 추상 명사〉는 부사를 뜻을 지닌다. 반면 〈of + 추상 명사〉는 형용사의 뜻을 지닌다. 예를 들면 with care은 carefully, of importance는 important를 나타낸다.
ain't는 흑인들 사이에서 쓰이던 영어다. be동사는 주어의 수에 따라 다르게 쓰여야 하는데 간단하게 모두 통일해서 ain't로 표현한 것이다.

세 단어로 끝내는 기타 표현

01.	It's too dangerous.	그건 너무 위험해
02.	You like men?	당신 남자 좋아해?
03.	What's that like?	저것 어때?
04.	Isn't it exciting?	흥분되지 않니?
05.	What's the point?	요점이 뭐야?
06.	Don't mention it.	천만에요.
07.	How you been?	그동안 어떻게 지냈어?
08.	Money isn't everything.	돈이 전부가 아니야.
09.	We're exactly alike.	우리는 똑같습니다.
10.	See you around.	또 보자.
11.	What's eating you?	고민 있니?
12.	What's going on?	잘 지내니?
13.	Is that good?	그거 좋니?
14.	Close your eyes.	눈 감아.
15.	I'm a professional.	전 프로입니다.
16.	Keep the change.	잔 돈 가지세요.
17.	Are you vegetarian?	당신 채식주의자입니까?
18.	Watch your head[language].	머리[말] 조심해.
19.	Don't flatter yourself.	자만하지 마.
20.	That's not true[fair].	그건 사실이 아니야[공평하지 않아].
21.	I don't understand.	이해가 안갑니다.
22.	Who are you?	당신 누구야?
23.	What's the difference?	차이가 뭐야?
24.	Shall we dance?	추실까요?

세 단어로 끝내는 기타 표현

25.	Take your time.	천천히 해.
26.	Call me Phil.	날 필이라고 불러줘요.
27.	Black or pink?	검은 색이야, 핑크색이야?
28.	Just a second(= minute, moment).	잠깐만.
29.	That all depends.	그거야 상황에 따라 다르죠.
30.	Where's the fire?	불이라도 났어?
31.	Go to Hell!	지옥으로 가라!
32.	What's for dinner?	저녁식사 메뉴가 뭐야?
33.	Any last words?	마지막으로 하고 싶은 말은?
34.	What's the problem?	문제가 뭐야?
35.	Not at all.	전혀 아닙니다.
36.	Check it out.	확인해 봐.
37.	Happy New Year!	행복한 새해가 되기를!
38.	I hope so.	그렇게 되기를 희망합니다.
39.	On the house.	서비스입니다.
40.	Get some rest.	좀 쉬어라.
41.	I deny that.	전 그걸 부정합니다.
42.	I knew it.	그거 알고 있었어.
43.	Time for bed.	잘 시간입니다.
44.	Shut(= Close) your mouth!	입 닥쳐!
45.	We need help.	우린 도움이 필요해요.
46.	Have some food.	음식 좀 드세요.
47.	Think about it.	그거 생각해봐.
48.	I want you.	난 널 원해.

세 단어로 끝내는 기타 표현

49.	Don't tempt[touch, shoot] me.	날 유혹하지[건드리지, 쏘지] 마.
50.	How could you?	어떻게 할 수가 있었니?
51.	That's not possible.	그건 가능한 일이 아니야.
52.	Have a seat.	앉으세요.
53.	Do you smoke?	담배 피우십니까?
54.	Welcome to America!	미국에 오신 걸 환영합니다.
55.	You're leaving now?	지금 가는 거야?
56.	Just do it.	그냥 해.
57.	Act your age.	네 나이에 맞게 행동해.
58.	Let me sleep.	자게 해줘요.
59.	What's your strategy[plan, advice]?	당신의 전략은[계획은, 충고는]?
60.	What's that about?	그거 뭐에 관한 것이죠?
61.	What's the rush(= hurry)?	왜 그리 서둘러요?
62.	Typical, isn't it?	전형적이지 않아요?
63.	Why should I?	왜 내가 해야 합니까?
64.	What's the verdict?	결과가 어떻게 나왔어요?
65.	It smells delicious.	맛있는 냄새가 나네요.
66.	You like it?	너 그거 맘에 드니?
67.	Any special questions?	어떤 특별한 질문 있습니까?
68.	Where you headed?	너 어디 가니?
69.	I feel dizzy.	나 어지러워요.
70.	Don't go away.	가지 마세요.
71.	Thanks a lot.	대단히 고맙습니다.

72.	**Don't be rude.**	무례하게 행동하지 마세요.
73.	**Aren't you embarrassed?**	당황되지 않아?
74.	**No one knows.**	아무도 몰라.
75.	**Sounds like bull.**	허풍처럼 들리는데.

Part 4

기타 유용한 할리우드 표현들

Mr. McKussic, it seems, has b

I love you even when you're sick and look disgusting.
A good plan today is better than a perfect plan tomorrow.
Life is filled with goodbyes.
What is being punished is not your actions but your intentions.
Today is the first day of the rest of your life.
For the first time in my life, I know what I want to do.
The key to a woman's heart is an unexpected gift at an unexpected time.
When women get breasts, they look sexy, when men get breasts, they look old.
The more one talks, the less the words mean.
You're not the only lonely man. Being free always involves being lonely.
Only grown-up men are scared of women.
To be in chains is sometimes safer than to be free.
All men are guilty, they're born innocent but it doesn't last.
Everybody ends up dead. It's just a matter of when.
We all know this deal is as certain as death and taxes.
It's better to have loved and lost than never to have loved at all.
I figure marriage is kind of like Miami: it's hot and stormy, and occasionally a little dangerous.
The only way to get rid of temptation is to yield to it.
Some write with words, others with silence.
Don Giovanni slept with thousands of women because he was afraid he wouldn't be loved by one.
Gary, this is a dangerous mission. If you happen to get captured, suicide may be the more humane option.
There's a lot to learn from losing.
God made men. Men made slaves.
 his business for purely romantic reasons, whilst you have been engaged in romance for purely business reasons.
For the sake of our friends   d better not answer.
 spends the first half of his life trying to figure women out, and the second half trying t   w   learned.
Oh, Nicky, I lo   sr   because you   y peopl
On secon   us

Our society cannot c   d   who
There's one   in   th
Don't adm

You can't   jel
If we c   them,
As long as you lose like a winner, i   t matt
A man reaches a certa   e whe

Men look for a wo
Never t   st a man a   midnight

기타 유용한 할리우드 표현들

001. **None of your business.**
   상관하지 마.
   My business is not your business.
   내 일이지 네 일이 아냐.

002. **What kind of man are you?**
   너 어떤 종류의 인간이야?
   What kind of question is that?
   무슨 질문이 그래?

003. **What brings you to town?**
   이 마을에는 어떤 일로 오셨습니까?
   What brings you to Korea?
   한국에는 어떤 일로 오셨습니까?

004. **How have you been?** 그동안 어떻게 지냈니?
   Where have you been? 그동안 어디 있었니?

005. **I'll call you first thing.**
   너한테 전화 거는 일을 제일 먼저 처리할게.
   First thing, in the morning.
   내일 아침 출근하자마자 처리해.

기타 유용한 할리우드 표현들

006. **I'm so tired of being alone.**
   난 고독한 생활에 지쳤어.
   I'm sick and tired of teaching children.
   나 애들 가르치는 거 지긋지긋해.

007. **It's my job to arrange the meeting.**
   미팅을 주선하는 게 내 일입니다.
   It's my job to love you.
   널 사랑해주는 게 내 직업이야.

008. **Nice to meet you.**
   만나 뵙게 되어 기쁩니다.
   Glad to meet you.
   만나서 반갑습니다.

009. **I don't know how to thank you.**
   어떻게 감사해야할지 모르겠어요.
   I don't know how to gamble.
   노름하는 방법을 몰라요.

010. **Will you marry me, Forrest?**
   포레스트, 나와 결혼해줄래?
   Will you teach my children English?
   내 아이들에게 영어를 가르쳐주시겠습니까?

131

기타 유용한 할리우드 표현들

011. **I'm kind of tired.** 나 좀 피곤해.
     He's kind of cute. 그 사람 좀 귀여워.

012. **My doctor says I need vitamins.**
     의사가 그러는데 난 비타민이 필요하대.
     My doctor says I need to go to the gym.
     내 의사가 그러는데 나 운동해야 된대.

013. **I'd like to pay for these by credit card.**
     이거 카드로 지불하고 싶습니다.
     I'd like to pay for these by cash.
     현찰로 지불하고 싶습니다.

014. **Are you saying I'm impolite?** 당신은 내가 불손하다는 겁니까?
     Are you saying you're a pro-golfer? 당신이 프로 골퍼라는 겁니까?

015. **Can you be specific?** 구체적으로 말씀해주실래요?
     Can you speak slowly? 천천히 말씀해주실래요?

016. **I'm not the man you're looking for.**
     난 당신이 찾는 남자가 아닙니다.
     I'm not the woman you're looking for.
     난 당신이 찾고 있는 여자가 아니에요.

기타 유용한 할리우드 표현들

017. **It was the greatest feeling I ever had.**
지금까지 느낀 감정 중에서 최고의 기분이었어.
That was the best sex I ever had in 2 years, 11 months, 3 weeks and 5 days.
그건 2년 11개월 3주 5일만에 가진 최고의 섹스였어.

018. **Let me check my schedule.**   내 스케줄 확인해볼게.
Let me give you a ride.   내가 태워줄게

019. **Like father, like son.**   그 아버지에 그 아들. (부전자전)
Like mother, like daughter.   그 어머니에 그 딸.

020. **What is your favorite movie?**   어떤 영화를 좋아합니까?
What is your favorite song?   네가 좋아하는 노래는?

021. **What do you mean by that?**   그게 무슨 뜻이죠?
What does that mean?   그게 무슨 의미죠?

022. **Can I help you?**   도와 드릴까요?
What can I do for you?   뭘 도와 드릴까요?

023. **What was she like?**   그 여자 어땠어?
What's the weather like?   날씨 어때?

기타 유용한 할리우드 표현들

024. **You shouldn't have done that.**
 너 그거 하지 말았어야 했는데.
 You should not have seen it.
 너 그거 보지 말았어야 했는데.

025. **Does it matter?**   그게 문제가 되나요?
 Does it count?   그게 중요한가요?

026. **What's your major?**   전공이 뭐죠?
 What is your secret?   당신의 비결[비법]은?

027. **What do you want?**   원하는 게 뭐죠?
 What do you want from me?   용건이 뭐죠?

028. **My pen's out of ink.**
 내 펜의 잉크가 다 떨어졌어요.
 We're out of money.
 우린 돈이 다 떨어졌어요.

029. **How'd you like it?**   그거 어때?
 How do you like your company?   네 회사 어때?

030. **Don't worry about it.**   그것에 대해 걱정하지 마세요.
 Don't ask me about it.   그것에 대해 나한테 묻지 마시요.

기타 유용한 할리우드 표현들

031. **Do you care for tea?** 차 드시겠습니까?
 Do you care for coffee? 커피 드시겠습니까?

032. **What's so special about him?** 그 사람 뭐가 특별하죠?
 What is so great about him? 그 사람 뭐가 그리 대단하죠?

033. **I think I can handle it.** 내가 그거 처리할 수 있다고 생각해.
 I think I can take care of myself. 난 내가 알아서 할게요.

034. **Say Hello to Mr. Happy.** 해피 씨한테 안부 전해주세요.
 Say hello to your boss. 네 상사한테 안부 전해줘라.

035. **I totally agree with you.** 당신 생각에 전적으로 동감합니다.
 Couldn't agree with you more. 100% 동감합니다.

036. **Have you ever heard of Evel Knievel?**
 Evel Knivel에 대해 들어보신 적 있습니까?
 Have you ever heard of Tesol?
 테솔에 대해서 들어보신 적 있습니까?

037. **Gusto Nash, you're fired as of immediately.**
 구스토 내쉬, 당신 지금부로 해고야.
 James, you're fired as of June 30.
 제임스, 너 6월 30일부로 해고야.

기타 유용한 할리우드 표현들

038. **Let's go window shopping.** 아이쇼핑하러 가자.
Let's hit the street. 바람 쐬러 나가자.

039. **That's not the point.** 요점은 그게 아니야.
You're missing the point. 넌 핵심에서 벗어나고 있어.

040. **This round is on me.** 이번엔 내가 살게.
Second round is on me. 2차는 내가 살게.

041. **So far so good.** 지금까지는 좋았어.

042. **Give me a milk.** 우유 한 잔 주세요.
Give me a juice. 쥬스 한 잔 주세요.

043. **What if we don't succeed?**
우리가 성공하지 못하면 어떻게 하죠?
What if we get shot?
우리가 총에 맞으면 어떻게 하죠?

044. **What business are you in, Mr. King?**
킹 씨, 어떤 사업에 종사하십니까?
What do you do?
무슨 일 하십니까?

기타 유용한 할리우드 표현들

045. **Over my dead body!** 내 눈에 흙이 들어가기 전에는 절대 안 돼.
 That will be the day! 그런 일은 절대로 발생하지 않을 거야.

046. **(It's a) Small world.** 세상 참 좁군.

047. **What are friends for?** 친구 좋다는 게 뭡니까?
 What are neighbors for? 이웃 좋다는 게 뭡니까?

048. **Enjoy your time in Vancouver.**
 밴쿠버에서 즐거운 시간 보내십시오.
 Enjoy your dinner.
 저녁식사 맛있게 드십시오.

049. **Have you ever been to Denmark?**
 덴마크에 가본 적 있습니까?
 Have you ever been to the U.S.?
 미국에 가본신 적 있습까?

050. **May I ask what do you do?** 직업을 여쭤 봐도 될까요?
 May I have your name? 성함 좀 가르쳐주시겠습니까?

051. **Don't be silly.** 멍청한 짓 하지 마.
 Don't be stupid. 멍청한 짓 하지 마.

기타 유용한 할리우드 표현들

052. **What are you worried about?** 뭘 걱정하십니까?
     What's the problem? 뭐가 문제야?

053. **Are you a pro?** 당신 프로예요?
     Are you a lesbian? 당신 레즈비언이에요?

054. **What's your new book about?**
     당신의 신간은 무엇에 관한 책입니까?
     What's this about?
     이건 뭐에 대한 거죠?

055. **You must be new in town.** 이 마을엔 초행이시군요.
     You must be Bob Kang. 밥 강이시죠.

056. **Give me a break!** 좀 봐주쇼, 그만 좀 해.
     Give me a chance. 기회를 주세요.

057. **Ker, I'd like you to meet Chirk.**
     커, 척을 소개할게.
     I'd like you to meet my lovely wife.
     나의 사랑스런 아내를 소개하겠습니다.

058. **Mind if I ask you some questions.** 질문 좀 해도 되겠습니까?
     Mind if I smoke? 담배 피워도 되겠습니까?

기타 유용한 할리우드 표현들

059. **What makes you say that?** 왜 그렇게 말씀하시는 거죠?
　　 What made you change your mind? 왜 마음을 바꾸셨죠?

060. **How long have you been going out with your boyfriend?**
　　 남자친구랑 얼마동안 사귀었습니까?
　　 How long have you been staying in Seoul?
　　 서울에는 얼마나 체류하셨죠?

061. **Thanks for dropping by.** 들러줘서 고마워요.
　　 Thanks for your help. 도와줘서 고맙습니다.

062. **Is everything all right?** 만사 오케이입니까?
　　 Is everything Okay? 만사 오케이입니까?

063. **Where did you go to school?** 어느 학교 다녔습니까?
　　 Where did you stay? 어디에서 머물렀어요?

064. **What do you do for recreation?**
　　 여가를 어떻게 보내십니까?
　　 What is your hobby?
　　 취미는 뭐죠?

065. **What's your point?** 요점이 뭐야?
　　 What's the point? 요점이 뭐야?

기타 유용한 할리우드 표현들

066. **It's so good to see you.**   널 다시 만나게 되어 무척 기뻐.
     Nice to see you again.   다시 만나게 되어 반가워.

067. **Do me a favor.**   부탁 좀 들어줘.
     Give me a hand.   도와주세요.

068. **I'm here to see your father, is he in?**
     너의 아버님을 뵈러 왔다, 안에 계시니?
     I'm here to fix your computer.
     컴퓨터를 고치러 왔습니다.

069. **Have you ever had sex before?**
     전에 섹스해본 적 있어요?
     Have you ever kissed a girl before?
     여자하고 키스해본 적 있어요?

070. **I wish you were my dad.**   당신이 저의 아빠였으면…
     I wish I were a million seller.   내가 밀리언셀러였으면…

071. **Tom as well as his friends was missing in the accident.**
     친구들뿐 아니라 톰도 사고에서 실종되었다.
     Bible as well as math was a prerequisite.
     수학뿐 아니라 성경도 기초 필수과목이었어.

기타 유용한 할리우드 표현들

072. **He taught nothing but reading and writing.**
그는 읽고 쓰는 것만 가르쳐주셨다.
He taught nothing but grammar and vocabulary.
그 사람은 문법과 어휘만 가르쳐주었어요.

073. **What do you want to be when you grow up?**
넌 커서 뭐가 되고 싶어?
What is your dream?
당신의 꿈은?

074. **I'm with you.**   난 네 편이야.
I'm on your side.   난 네 편이야.

075. **Teaching fits me.**   가르치는 것이 내 적성에 맞아.
Writing fits me.   집필은 나한테 적성에 맞아.
She is cut out for a nurse.   그녀는 간호사가 적격이야.

076. **Let's have a coffee break.**   잠시 커피 마시며 쉽시다.
Let's sing and dance.   노래하고 춤춥시다.

077. **How come you were late for the meeting?**
회의에 왜 늦었습니까?
How come you were late for the seminar?
왜 세미나에 지각했나요?

기타 유용한 할리우드 표현들

078. **What do you say?**   어떻게 생각하세요?

   What do you think?   어떻게 생각하세요?

079. **My father's words made me feel at home.**

   아버지의 말씀이 나를 편안하게 해주었다.

   The mayor's words made the citizens feel comfortable.

   시장의 말은 시민들을 편하게 해주었다.

080. **Would you get us a drink?**

   마실 것 좀 가져다주시겠어요?

   Would you get me a green tea?

   녹차 한 잔 주시겠습니까?

081. **Nice to have you back.**   돌아와서 반갑습니다.

082. **He's good at sports.**

   그는 운동을 잘 합니다.

   He's amazing at bed.

   그는 밤일을 잘해.

083. **His hard work finally paid off.**

   열심히 일한 결과 마침내 성과가 있었다.

   His workout at the gym finally paid off.

   헬스클럽에서의 운동이 마침내 효과를 보았다.

기타 유용한 할리우드 표현들

084. **We were supposed to help him.**
우리가 그를 돕기로 되어 있었다.
You're supposed to study history.
너 역사 공부해야지.

085. **I need a ride home.** 집에 좀 태워다 주세요.
I need some money. 난 돈이 좀 필요해.

086. **That was all my fault.** 그건 다 내 잘못이에요.
It's not your fault. 네 잘못이 아니야.

097. **Don't forget to write.** 꼭 편지하세요.
Don't forget to email me. 이메일 주는 거 잊지 마.

088. **Truth is I don't want to leave you.**
사실은 당신을 떠나고 싶지 않습니다.
Truth is I'm in love with you.
사실은 내가 너한테 사랑에 빠졌다는 거야.

089. **I'm proud of you.**
당신이 자랑스러워요.
She's so proud of her son and daughter.
그녀는 아들과 딸에 대해서 매우 자랑스러워하고 있습니다.

기타 유용한 할리우드 표현들

090. **Be sure to take pictures.**
꼭 사진을 찍어 오세요.
Be sure to pick up my daughter at 8:45.
8시 45분에 내 딸 꼭 데리러 가.

091. **So I've been told.** 그렇게 얘기 들었어요.
I was told you're pregnant. 임신했다고 들었어요.

092. **I would bear that in mind.** 명심하겠습니다.
I'll keep that in mind. 명심하겠습니다.

093. **What are my chances?** 가능성은 얼마나 되나요?
What are the odds? 확률은 어떻게 되나요?

094. **We've got no choice.** 선택의 여지가 없었어요.
I couldn't help it. 어쩔 수 없었어요.

095. **That's a private matter, I imagine.**
그건 사적인 문제 같은데요.
That's a privacy, I guess.
그건 사생활에 관한 문제라고 생각됩니다.

096. **Why don't you get some sleep?** 잠 좀 자지 그래요?
Why don't you call it quits? 은퇴하지 그래요?

기타 유용한 할리우드 표현들

097. **I'm glad you came.**

당신이 와줘서 기뻐요.

I'm glad you became the bestseller again.

다시 베스트셀러가 되어서 기뻐요.

098. **I regret it.** 유감입니다.

That's too bad. 너무 안 됐군요.

099. **I may have been wrong.**

내가 틀렸는지도 모른다.

It may have been delivered to my old address.

저의 옛날 주소로 배달이 된 것 같습니다.

101. **Go ask his name.**

가서 그의 이름을 물어봐요.

Go get him, either dead or alive.

죽은 채로든, 산 채로든 가서 잡아오시오.

101. **I can't help it.** 어쩔 도리가 없어.

I have no other choice. 다른 선택이 없어요.

102. **How much do I owe you?** 얼마죠?

How much is it? 얼마죠?

기타 유용한 할리우드 표현들

103. **Drinks are on me.** 술은 내가 살게.
 Third round is on me. 3차는 내가 살게.

104. **I went to Harvard.** 전 하버드 출신입니다.
 I went to Oxford. 전 옥스포드를 나왔습니다.

105. **What's the good of living without hope?**
 희망 없이 산다면 무슨 소용이 있냐?
 What's the good of working without pay?
 보수 없이 일한다면 무슨 소용이 있냐?

106. **I suggest you see a doctor.** 병원에 가보세요.
 I suggest you see a counsellor. 상담원을 만나보세요.

107. **I'm honored to be here.**
 여기 오게 되어 영광입니다.
 It was an honor to meet Mr. President.
 각하를 만나게 된 것은 영광이었습니다.

108. **Long time, no see.** 오래간만이야.

109. **What you need is fresh air.** 네게 필요한 것은 신선한 공기야.
 What you need is love. 너한테 필요한 것은 사랑이야.

기타 유용한 할리우드 표현들

110. **Don't you need a condom?** 콘돔이 필요하지 않니?

   Don't you need an assistant? 조수가 필요하지 않니?

111. **Would you mind if I kissed you?**

   키스해도 괜찮아?

   Would you mind if I used your cell phone?

   휴대폰 좀 써도 되겠습니까?

112. **What do you think of it?**

   그거 어떻게 생각해?

   What do you think of impeachment?

   탄핵에 대해 어떻게 생각해?

113. **What do you want to be?** 뭐가 되고 싶니?

   Where do you want to work? 어디에서 일하고 싶어요?

114. **Please don't hesitate to ask me.** 제발 망설이지 말고 물어봐.

   Call me anytime. 아무 때나 전화하세요.

115. **I feel like an idiot.** 내가 바보같이 느껴져.

   I feel like a slut. 내가 걸레같이 느껴져.

116. **Don't be sad.** 슬퍼하지 마.

   Never say die. 포기하지 마.

기타 유용한 할리우드 표현들

117. **Thanks for a ride.** 태워줘서 고마워.
     Thanks for a coffee. 커피 잘 마셨습니다.

118. **We used to go out.** 우린 예전에 사귀었어.
     I used to be a boxer. 권투선수 출신입니다.

119. **I should have kissed her.**
     그녀에게 키스를 했어야 했는데.
     I should have made love to her.
     그녀와 섹스를 했어야 했는데.

120. **Tyrants are always good at bed.** 폭군들은 항상 밤일에 능해.
     Strongmen are good at bed. 독재자들은 밤일을 잘해.

121. **I have to report this to the boss.**
     나 이거 사장한테 보고해야 돼.
     You have to finish up the report by Thursday.
     너 보고서를 목요일까지 끝내야 돼.

122. **She is one of the best.** 그 여자는 최고 중의 한 명이야.
     I'm one of them. 내가 그 중 한 명이야.

123. **What took you so long?** 왜 그렇게 오래 걸렸어?
     What is taking you so long? 왜 그렇게 오래 걸리는 거야?

기타 유용한 할리우드 표현들

124. **Not in a thousand years.** 절대로 그런 일은 없을 거야.
  Not on your life. 네 인생에 절대로 그런 일은 없을 거야.

125. **What is the purpose of your visit to the United Kingdom?**
  영국 방문 목적이 뭐죠?
  What's the purpose of your visit to the U.S.?
  미국 방문 목적은 뭐죠?

126. **Are you serious?** 정말이니?
  Is it true? 사실입니까?

127. **May I have a word with you?** 잠깐 얘기 좀 할까?
  Can I talk to you for a second? 잠깐 얘기할 수 있을까요?

128. **I've heard police work is dangerous.**
  경찰 업무가 위험하다고 들었어요.
  I've heard Baghdad is dangerous.
  바그다드가 위험하다고 들었어요.

129. **Do you think people will vote for me?**
  너 사람들이 날 지지할 거라고 생각하니?
  Do you think people will vote for Mr. Bush?
  사람들이 부시를 찍을 거라고 생각하세요?

기타 유용한 할리우드 표현들

130. **How long did it take you to grow that moustache?**
 너 그 콧수염 기르는 데 얼마 걸렸니?
 How long did it take you to grow that beard?
 턱 수염 기르는 데 얼마 걸렸습니까?

131. **That's what I'm saying.** 내 말이 그 말이야.
 You can say that again. 그러게 말이에요.

132. **I think I'll get married today.** 오늘 결혼할까 해.
 I think I'll get a divorce. 나 이혼할까 해.

133. **I'll take care of him.** 그는 내가 처리할게.
 I'll take care of your kids. 당신 아이들을 돌봐 드릴게요.

134. **I have no idea.** 모르겠는데요.
 Search me. 모르겠는데요.

135. **Don't blame me.** 날 탓하지 마.
 I'm not to blame. 내 탓이 아닙니다.

136. **Don't call me Sam!** 날 샘이라고 부르지 마!
 Don't call me George. 조지라고 부르지 마.

137. **Welcome to Omaha, Boys!** 얘들아 오마하에 온 것을 환영한다.

기타 유용한 할리우드 표현들

Welcome to WinTimes! 윈타임즈에 오신 것을 환영합니다!

138. **I have something to tell you.** 너한테 말할 게 있어.
 I have something to discuss. 논의할 게 있어요.

139. **Would you like to have a hamburger?** 햄버거 드시겠습니까?
 Would you like to have a drink? 한잔하시겠습니까

140. **I came to congratulate you, Nicky.** 니키, 축하해주러 왔어.
 We came to help you, Michael. 마이클, 널 도와주러 왔어.

141. **Wait and see.** 기다려봐.
 Go and tell them. 그 사람들한테 가서 말해줘.

142. **I'm not interested in your private life, Henderson.**
 헨더슨 난 네 사생활에 관심 없어.
 I'm not interested in your business, Bob.
 밥, 난 당신 사업에 관심 없어요.

143. **People first, things second.** 사람이 먼저지, 재물은 그 다음이야.
 Health first, money second. 건강이 먼저지, 돈은 그 다음이야.

144. **Your wish is my command.** 분부만 내려주십시오.
 Your desire is my desire. 그대의 바람이 나의 바람입니다.

기타 유용한 할리우드 표현들

145. **Help yourself.**   많이 드세요.
     Have some food.   음식 좀 드세요.

146. **Thanks anyway.**   여하튼 고마워.
     Thanks for asking.   물어봐줘서 고마워요.

147. **That depends on the tip.**
     그거야 팁에 따라 다르죠.
     That depends on the distance.
     거리에 따라 다릅니다.

148. **Could you turn out that light, please?**
     저 불 좀 꺼주시겠습니까?
     Could you turn down the volume?
     볼륨 좀 낮춰 주시겠습니까?

149. **Time to go.**   갈 시간이야.
     Time to eat.   먹을 시간이야.

150. **Howards, I'll call you later.**
     하워즈, 나중에 전화할게.
     I'll talk to you later.
     나중에 얘기할게.

기타 유용한 할리우드 표현들

151. **What happened with your first two marriages?**
 과거에 했던 두 번의 결혼은 어땠어요?
 What happened with your 6th marriage?
 당신의 여섯 번째 결혼은 어땠어요?

152. **You were supposed to show up here at 7:30 in the morning.**
 너 아침 7시 30분에 여기에 오기로 했잖아.
 You were supposed to come here on Tuesday.
 너 화요일에 여기 오기로 되어 있잖아.

153. **All you have to do is believe me.**
 넌 날 믿기만 하면 돼.
 All you have to do is love me and feed me.
 넌 날 사랑해주고 먹여주기만 하면 돼.

154. **I'm bored!** 나 지루해.
 I'm beat! 나 몹시 피곤해.

155. **Say hello to Lumbergh.** 럼버한테 안부 전해줘.

156. **What's this for?** 이건 뭘 위한 거야?

157. **Are you a tourist or a native?**
 당신은 여행객입니까, 토박이입니까?

기타 유용한 할리우드 표현들

Are you Korean or Japanese?
한국인입니까, 일본인입니까?

158. **She reminds me of someone.**
그녀는 나에게 누군가를 생각나게 해.
This song reminds me of someone.
이 노래는 누군가를 생각나게 해.

159. **How is the situation here in Berlin?**
이곳 베를린의 상황은 어떻습니까?
How is the South Korean economy?
한국 경제는 어떻습니까?

160. **Hello everyone!** 여러분 안녕하세요!
Hi, folks! 청취자 여러분 안녕하십니까!

161. **Money isn't dirty, just people.**
돈은 더럽지 않아 단지 사람이 더러울 뿐이지.
Erections don't rape people, people rape people.
발기가 사람들을 범하진 않아, 사람이 사람을 범하지.

162. **This is really the greatest day of my life.**
오늘은 내 인생에서 가장 멋진 날이야.

기타 유용한 할리우드 표현들

This is the greatest opportunity in my entire life.
이건 나의 전 인생에서 최고의 기회야.

163. **If you act like trash, you get treated like trash.**
네가 쓰레기같이 행동하면 넌 쓰레기 취급받게 돼.

164. **I wouldn't do that if I were you.**
내가 너라면 그렇게 하지 않겠어.
I wouldn't accept his offer if I were you.
내가 너라면 그의 제의를 받아들이지 않겠어.

165. **We're trying to do everything we can.**
우리는 할 수 있는 일은 다 해보려고 하고 있습니다.
I'm doing as best as I can.
전 최선을 다하고 있는 겁니다.

166. **Your parents say you're always lying.**
너의 부모님들이 그러시는데 넌 항상 거짓말하고 다닌다며.
People say you're always a procrastinator.
사람들이 그러는데 넌 항상 늦장 부리는 애래.

167. **Join me or die!** 나한테 합류하든지 아니면 죽어!
Take it or leave it. 싫으면 그만둬.

기타 유용한 할리우드 표현들

168. **Are you asking me out on a date?**
나한테 데이트 신청하는 겁니까?
Are you asking me to go out?
데이트하자는 겁니까?

169. **If you don't come out, I'll shoot the kid.**
밖으로 안나오면, 아이를 쏴버리겠어.
If you don't invest in the project, we'll give it up.
자네가 이 프로젝트에 투자하지 않는다면 우린 포기할 거야.

170. **I don't think so.** 그렇게 생각하지 않아.
I think so. 난 그렇게 생각해.

171. **You know how to dance, Ray?** 레이, 춤추는 법 알아?
You know how to operate, Mr. Kim? 미스터 김, 작동법 알아?

172. **Watch your butts.** 엉덩이 조심해.
Watch your step. 조심해.

173. **I think we need to call the police.**
경찰에 전화해야할 것 같아.
I think you need to talk to the accounting director.
경리이사하고 얘기해보세요.

기타 유용한 할리우드 표현들

174. **Dead men tell no lies.** 죽은 자는 거짓말하지 않아.

175. **Eat to live. Don't live to eat.**
 살기 위해 먹지, 먹기 위해서 살지 마라.

176. **Laney, sex is the quickest way to ruin a friendship.**
 래니, 섹스는 우정을 깨는 가장 빠른 길이야.
 Wide connections are my best weapon.
 발이 넓은 것이 나의 최대의 무기야.

177. **I was told there'd be no math on this exam.**
 이번 시험에는 수학시험이 없을 거라고 들었어.
 I was told there'd be no speaking on this exam.
 이 시험에는 회화 테스트가 없다고 들었어요.

178. **Today's a very special day.** 오늘은 아주 중요한 날이야.
 Tomorrow is a big day. 내일은 중요한 날이야.

179. **I'd like to have your advice on how to live comfortably without working hard.**
 열심히 일하지 않아도 편하게 살 수 있는 방법에 관해 너의 조언을 받고 싶어.
 I'd like to have your advice on how to improve my English.
 영어실력을 향상시킬 수 있는 방법에 대해 선생님의 조언을 듣고 싶습니다.

기타 유용한 할리우드 표현들

180. **Is this where you live?**   여기가 당신이 사는 곳입니까?

    Is this where you used to work?   여기가 예전에 일하던 곳입니까?

181. **Do you think the end of the world will come at night time?**

    세상의 종말이 밤에 올 거라고 생각하십니까?

    Do you think Mr. Bush will be reelected?

    당신은 부시 대통령이 재선될 거라고 보십니까?

182. **What do you know about the CIA?**   CIA에 대해 아는 게 뭐야?

    What do you know about the Vatican?   교황청에 대해 아는 게 뭐야?

183. **I do admire your courage.**   당신의 용기에 경의를 표합니다.

    I do respect your decision.   당신의 결정을 존중합니다.

184. **I need your opinion now.**

    난 지금 당신의 의견이 필요해.

    We need your economic aid.

    우린 귀하의 경제적인 원조를 필요로 합니다.

185. **Soviet method is more economical.**

    소련의 방식이 더 경제적입니다.

    Using EBS is more economical.

    EBS 방송을 이용하는 것이 좀더 경제적입니다.

기타 유용한 할리우드 표현들

186. **How do you deal with stress in Russia?**
    러시아 사람들은 스트레스를 어떻게 풀죠?
    How do you maintain your health?
    건강을 어떻게 유지하시죠?

187. **Are you out of your mind?**　너 미쳤어?
    Are you nuts?　너 미쳤니?

188. **Don't do it. It's not worth it.**
    그거 하지 마. 할 만한 가치가 없는 일이야.
    Don't do it. It's waste of time.
    그거 하지 마. 시간 낭비야.

189. **We can't open presents till midnight.**
    우린 자정까지는 선물을 열어봐선 안 돼.
    You can't hit people like that.
    사람들을 그런 식으로 패선 안 돼.

190. **No thanks, I don't like eggs.**
    됐습니다. 전 계란을 좋아하지 않아요.
    No thanks, I don't like oysters.
    됐습니다. 전 굴을 좋아하지 않아요.

191. **I'm afraid I can't come.**　갈 수가 없는데요.

기타 유용한 할리우드 표현들

I'm afraid we can't beat South Korea. 한국을 이길 수 없겠는데요.

192. **Are there any disadvantages?** 어떤 불리한 점이 있습니까?
    Are there any incentives? 어떤 인센티브가 있습니까?

193. **Mark's a good man and a good lawyer.**
    마크는 좋은 사람이자 좋은 변호사입니다.
    Jane is a good woman and a good teacher.
    제인은 착한 여자이자 훌륭한 교사입니다.

194. **Oh, my God, I forgot to tell you something.**
    오, 맙소사, 너한테 말하는 걸 깜빡했네.
    God, I forgot to call David.
    맙소사, 데이비드한테 전화 거는 거 잊어버렸어.

195. **What the fuck are you talking about?**
    도대체 무슨 얘기하는 거야?
    Who the fuck are you?
    도대체 너 누구야?

196. **I'm good, but I'm not that good.**
    난 잘하는 사람이지만 그 정도까지 잘하진 못해요.
    He's rich but he's not that rich.
    그 사람 부자긴 하지만 그 정도로 부자는 아니야.

기타 유용한 할리우드 표현들

197. **Let's not jump to conclusions.**   속단하지 맙시다.
     Let's not drink and drive.   음주운전하지 맙시다.

198. **The usual, terrible.**   평상시와 같이 아주 안 좋아요.
     The usual, busy.   평상시와 같이 바빠요.

199. **One question, Frank.**   프랭크, 질문 하나 있어요.
     One request, Jay.   제이, 요청이 하나 있어요.

200. **He's out of ammunition.**   그 사람 탄약이 다 떨어졌어요.
     We're out of fuel.   우리 연료가 다 떨어졌어요.

201. **Could you lend me fifty dollars?**
     저한테 50달러 좀 빌려주실래요?
     Could you lend me 10,000 won?
     만원만 꿔줄래요?

202. **I doubt that.**   전 그걸 의심합니다.
     I trust you.   난 널 믿어.

203. **Would you go out with me?**
     저하고 사귈래요?
     Would you go fishing with us this Saturday?
     이번 토요일에 우리하고 낚시 갈래요?

기타 유용한 할리우드 표현들

204. **I'm not the best, but I am the most persistent.**
   전 최고는 아니지만 가장 끈기 있는 사람입니다.
   He's not the best, but he's the most trustworthy employee.
   그 사람이 최고는 아니지만 가장 신뢰할 만한 직원입니다.

205. **I told you I don't believe in God.**
   너한테 난 신을 믿지 않는다고 말했잖아.
   I told you I don't like politicians.
   너한테 정치인들 싫어한다고 말했잖아.

206. **Never trust a man after midnight.**
   자정 이후엔 남자를 믿지 마라.
   Never let anyone know what you are thinking.
   네가 무슨 생각하고 있는지 다른 어느 누구도 알게 하지 마라.

207. **Teeler is interested in that bank, and so am I.**
   틸러가 저 은행에 관심이 있는데 나도 마찬가지야.
   J.I. is interested in foreign films, and so am I.
   JI가 외화에 관심이 있는데 나도 마찬가지야.

208. **I thought you were never going to say it.**
   난 네가 절대 그 말을 하지 않을 거라고 생각했어.
   I thought you were never going to make it.
   난 네가 성공하지 못할 거라고 생각했어.

기타 유용한 할리우드 표현들

209. **Don't you worry, Ketcham. You're gonna be the first to die!**

    케참 걱정 붙들어 매. 네가 제일 먼저 죽게 될 거야!

    Don't you worry, Bob. You're gonna be the first to be fired.

    걱정 붙들어 매, 밥. 네가 제일 먼저 잘리게 될 거야.

210. **Hey, you two should know, I'm a black belt.**

    이봐 너희 둘 다 내가 유단자라는 걸 알아야 돼.

    Hey, you guys should know, I'm a D.A.

    이봐 너희들 내가 검사라는 걸 알아야 돼.

211. **Are you making a pass at me?**   나한테 작업 들어오시는 겁니까?

    Are you courting me?   나한테 청혼하시는 겁니까?

212. **I thought you were a nice guy.**

    난 네가 좋은 남자라고 생각했어.

    I thought you were a virgin.

    난 네가 처녀라고 생각했어.

213. **Little by little, I became jealous.**

    조금씩 질투를 느끼게 되었어.

    Little by little, we became attracted to each other.

    우린 조금씩 서로 끌리게 되었어.

기타 유용한 할리우드 표현들

214. **He used to be a big shot.** 그 사람 예전에 거물이었어.
    She used to be a TV actress. 그 여자 예전에 탤런트였어.

215. **Do you know how much I love you, Mary?**
    메리, 내가 널 얼마나 사랑하는지 알아?
    Do you know how much I love you, Son?
    아들아 내가 널 얼마나 사랑하는지 알아?

216. **Any suggestions?** 제안 있습니까?
    Any questions? 질문 있습니까?

217. **I have no choice.** 전 선택의 여지가 없습니다.
    We have no alternatives. 우리는 대안이 없습니다.

218. **I'd appreciate you approving my application.**
    저의 신청을 승인해주신 데 대해 감사드립니다.
    I'd appreciate you supporting my team.
    제 팀을 응원해주신 데 대해 감사드립니다.

219. **Thank you for your cooperation.** 협조해주셔서 감사합니다.
    Thank you for your hospitality. 환대에 감사드립니다.

220. **We're scheduled to begin construction in 6 months.**
    우리는 6개월 후에 공사를 시작할 예정입니다.

We're scheduled to begin investigation in two weeks.
우리는 2주 후에 수사에 착수할 예정입니다.

221. **You have the right to an attorney.**
당신은 변호사를 부를 권한이 있습니다.
You have the right to remain silent.
당신에겐 묵비권이 있습니다.

222. **You better be careful. Jones is a real shark.**
너 조심하는 게 좋겠다. 존스는 정말 사기꾼이야.
You better be careful. Bob is a lady's man.
너 조심하는 게 좋겠다. 밥은 바람둥이야.

223. **Thank you for not smoking.**   금연해주셔서 감사합니다.
Thank you for your honesty.   정직한 행동에 대해 감사드립니다.

224. **Make yourselves at home.**
여러분들 집에 있는 것처럼 편하게 행동하세요.
Make yourself comfortable.
편하게 행동하세요.

225. **Like all criminals, he had an elaborate alibi prepared.**
모든 범죄자들과 마찬가지로 그 사람은 정교한 알리바이를 준비해놓았어.

기타 유용한 할리우드 표현들

Like all murder suspects, he had an elaborate alibi prepared.
모든 살인 용의자들과 마찬가지로 그 사람은 정교한 알리바이를 준비해놓았어.

226. **There's one thing I want you to do for me.**
네가 나를 위해 해주기를 바라는 게 한 가지 있어.
There are two things I want you to do for me.
네가 나를 위해 해주기를 바라는 게 두 가지가 있어.
Is there anything I can do for you.   뭐 도와드릴 일이라도 있습니까?

227. **I'm in love with you.**   나, 너한테 사랑에 빠졌어.
I have a crush on Brooke.   나, 브룩한테 푹 빠졌어..

228. **There's something I just gotta do.**   나 해야 할 일이 있어.
There's something I gotta take care of.   내가 처리해야 할 일이 있어.

229. **I am the world's most luckiest man.**
전 이 세상에서 가장 운이 좋은 남자입니다.
I am the country's richest man.
전 국내에서 가장 부자입니다.

230. **I dreamt a dream tonight.**   저 오늘밤 꿈꿨어요.
I have led a clean life.   전 깨끗한 인생을 살아왔습니다.

231. **Made in Japan, huh?**   일제요?

기타 유용한 할리우드 표현들

Made in China, huh?   중국제요?

232. **Can you paraphrase it for me?**
저를 위해 부연 설명 좀 해주시겠습니까?
Can you amplify on the real name system?
실명제에 대해서 상세히 설명해주시겠습니까?

233. **One step at a time.**   한 번에 한 단계씩 갑시다.
Let's go one by one.   하나씩 하나씩 갑시다.

234. **How often do you work out?**
얼마나 자주 (헬스클럽에서) 운동하십니까?
How often do you see your mistress?
당신의 연인을 얼마나 자주 만납니까?

235. **That's not the way to do business.**
사업은 그렇게 하는 게 아니에요.
That's not the way to negotiate.
협상은 그렇게 하는 게 아니에요.

236. **Use poison to fight poison.**
독과 싸우기 위해 독을 사용하십시오.
Use cruise missiles to fight Scud missiles.
스커드 미사일에 대응하기 위해 크루즈 미사일을 사용하세요.

기타 유용한 할리우드 표현들

237. **The time's come to say goodbye.** 작별 인사할 때가 왔습니다.
The time's come to attack Iraq. 이라크를 칠 때가 왔습니다.

238. **Where did you learn that?** 그거 어디서 배웠어요?
Where did you learn English? 당신 영어 어디에서 배웠어요?

239. **Why did you ask me to come here?**
왜 이곳에 오라고 부탁했죠?
Why did you ask me to marry her?
왜 그 여자하고 결혼하자고 부탁했죠?

240. **Do it your way.** 네 방식대로 해라.
Do in Rome as the Romans do. 로마에서는 로마인이 하는 대로 하라.

241. **I never thought of you as a dancer.**
난 널 댄서로 생각해본 적이 없어.
I never thought of you as a friend.
난 널 친구로 생각한 적이 없어.

242. **I met him for the first and last time 24 hours ago.**
24시간 전에 난 그 사람을 처음이자 마지막으로 만났어.
I kissed her for the first time and last time last week.
난 지난주에 그녀와 처음이자 마지막으로 키스했어.

기타 유용한 할리우드 표현들

243. **Could you possibly fly a little higher?**
     좀더 높이 비행할 수 있을까요?
     Could you possibly reschedule my appointment with the doctor?
     의사하고의 예약을 재조정할 수 있을까요?

244. **You're as healthy as a horse.**   당신은 말만큼 건강하시군요.
     You're as fast as a bullet.   당신은 총알같이 빠르군요.

245. **How come you don't have a beard?**
     당신은 어째서 수염이 없는 거요?
     How come you don't have a cell phone?
     당신은 왜 핸드폰이 없는 거예요?

246. **Anything to drink?**   마실 거 드릴까요?
     Anything to eat?   먹을 거 드릴까요?

247. **Who's in charge here?**   여기 책임자가 누구죠?
     Who's responsible for the incident?   사건의 책임자가 누구야?

248. **I want you to know I think you're really different.**
     난 당신이 내가 당신을 아주 다르게 생각한다는 것을 알아주기를 바랍니다.
     I want you to know I think you're really special.
     난 당신이 내가 당신을 아주 특별하게 생각한다는 것을 알아주기를 바랍니다.

기타 유용한 할리우드 표현들

249. **Why don't you marry her if she's a nice girl?**
그 여자가 멋있는 여자라면 그 여자하고 결혼하지 그래요?
Why don't you go steady with her if she's a sexy girl?
그 여자가 섹시하다면 그 여자와 사귀지 그래요?

250. **You're the doctor.**　　지당하신 말씀이십니다.

251. **Did you sleep with her?**
너 그 여자하고 잤어?
Did you bang?　　너 섹스했어?

252. **Conform or face the consequences.**
순응하든가 아니면 결과에 직면해.
Fight or die.
싸우든가 아니면 죽어.

253. **Larry, why are you so nice to me?**
래리, 왜 나한테 그렇게 잘 해주는 거야?
Why the long face?
왜 그렇게 우울해?

254. **I'm just an average girl.**　　전 그냥 보통 여자예요.
I'm just a regular guy.　　전 그냥 보통 남자입니다.

기타 유용한 할리우드 표현들

255. **Every dog has his day.** 누구에게나 기회는 있습니다.
 Everybody has his or her moment. 누구에게나 기회가 있다.

256. **I am the loneliest girl in the world.**
 전 세상에서 가장 외로운 여자예요.
 She's the sexist model in the country.
 그 여자가 국내에서 가장 섹시한 모델이야.

257. **Don't tell me you're a virgin.** 너 처녀라고 말하는 건 아니겠지.
 Don't tell me you're broke. 빈털터리라고 말하는 건 아니겠지.

258. **No way!** 말도 안 돼, 그럴 리가 없어.
 That's impossible. 그건 불가능한 일이야.

259. **What is your dream?** 네 꿈이 뭐야?
 What is your goal? 너의 목표가 뭐야?

260. **Have you heard about this video tape?**
 이 비디오테이프에 대해 들어본 적 있습니까?
 Have you heard about the Hustler video tape?
 허슬러 비디오테이프에 대해 들어본 적 있습니까?

261. **I'm sorry I didn't catch that.** 죄송합니다, 그 말 못 알아들었습니다.
 Excuse me? 뭐라고 말씀하셨죠?

기타 유용한 할리우드 표현들

262. **The truth is always the right answer.**
언제나 진실이 정답입니다.
Justice will prevail.
정의가 승리하게 될 것이다.

263. **I'll honor your traditions.**   전 당신의 전통을 존중하겠습니다.
We'll honor your constitution.   우리는 귀국의 헌법을 존중할 것입니다.

264. **Everybody has flaws.**   누구에게나 결점이 있습니다.
Everybody makes mistakes.   누구나 실수하게 마련입니다.

265. **Who is your best buddy?**   당신의 가장 친한 친구는 누구죠?
Who is your favorite son?   어떤 아들을 총애합니까?

266. **He's working on a book.**   그 사람은 책 작업을 하는 중입니다.
I'm working on it.   나 그것에 대해 작업 중이야.

267. **Life is like a movie.**   인생은 영화 같아.
Life is tough.   인생은 고달프다.

268. **I'll be right back.**   나 곧 돌아올게.
I'll come back in a minute.   나 곧 돌아올게.

269. **(I) Hope you enjoyed the movie.**   영화 재미있게 보셨기를…

기타 유용한 할리우드 표현들

(I) Hope you meet the deadline.   마감시간에 맞추기를 바랍니다.

270. **Hey, I applied for a membership in this group.**
헤이, 나 이 단체에 회원 신청했어.
I signed up for the Lab duty.
나 실험실 근무 신청했습니다.

271. **(I) Don't want to disappoint you, chum.**
친구야, 난 널 실망시키고 싶지 않아.
Dad, I won't let you down.
아빠, 실망시키지 않을게요.

272. **If you had used a pencil, you'd be done by now.**
네가 연필을 사용했더라면, 지금쯤 끝냈을 텐데.
If you had hired Bob Kang, you'd be done by now.
밥 강을 고용했더라면 지금쯤 끝냈을 텐데.

273. **I can't help it.**   어쩔 도리가 없어.

274. **Do you like what you do for a living?**   당신 하는 일 좋아해요?
Do you enjoy your work?   일을 즐기십니까?

275. **I hope you die.**   난 네가 죽기를 바래.
I hope your dreams come true.   너의 꿈이 실현되길 바래.

기타 유용한 할리우드 표현들

276. **Don't you remember me, Debbie?** 데비, 날 기억 못하니?
 Don't you see the sign? 간판 안 보여요?

277. **What's up? You seem kind of upset.**
 무슨 일이야? 너 화난 것 같은데.
 You look out of shape.
 너 건강이 안 좋아 보인다.

278. **I doubt they'd survive.**
 난 그들이 생존할 거라고 생각하지 않아.
 I doubt they'd pass the exams.
 난 그 사람들이 시험에 합격할 거라고 생각하지 않아.

279. **This is between you and me.** 이건 너하고 나만의 비밀이야.
 This is top secret. 이건 일급비밀이야.

280. **I'm open to suggestions.** 난 제안을 받아들일 준비가 되어 있어.
 I'm open to proposals. 난 제안을 받아들일 준비가 되어 있어.

281. **Do you feel better now?** 지금 기분이 나아졌니?
 You feeling better? 기분이 나아졌니?

282. **Tell me the first thing that pops in your head?**
 네 머릿속에 가장 먼저 떠오르는 게 뭔지 말해봐?

기타 유용한 할리우드 표현들

283. **Any last requests, Mr. Carew?**
캐류씨, 마지막으로 부탁하고 싶은 거 있어요?
Any final requests?
마지막 부탁 있으세요?

284. **She said she thinks you're an asshole!**
그 여자는 널 개자식으로 생각한다고 말하던데.
She said she thinks you're a bastard.
그 여자는 널 빌어먹을 녀석이라고 생각한다던데.

285. **That's very kind of you!** 당신 정말 친절하시네요.
That's very sweet of you! 참 친절하시네요!

286. **That's pretty good, considering that he's blind.**
그가 장님임을 감안할 때 그건 참 잘한 거야.
That's pretty good, considering that he's 90 years old.
그 사람 나이가 90세인 점을 감안할 때 참 잘한 거야.

287. **Is it okay if I call you Red?** 널 레드라고 불러도 돼?
Is it okay if I call you Bob? 밥이라고 불러도 돼?

288. **What we need is a miracle.** 우리에게 필요한 건 기적이야.
What I need is money. 나한테 필요한 건 돈이야.

기타 유용한 할리우드 표현들

289. **All I want, all I've ever wanted is the quiet of a private life, but my mother wants me distinguished.**
내가 원하고, 원해온 것은 조용한 사생활이지만 우리 어머니는 내가 유명해지길 바라서.

290. **Brandon is the sort of man everyone speaks well of.**
브랜든은 모든 사람이 칭찬하는 그런 사람이야.
Sarah is the kind of woman everyone likes.
사라는 누구나 좋아하는 타입의 여자야.

291. **Shall we continue tomorrow?** 우리 내일 계속할까요?
Shall we dance? 추실까요?

292. **That I cannot tell you. It is a secret.**
그건 너한테 말해줄 수 없어. 비밀이거든.

293. **How does Bora Bora sound?** 보라보라가 어떻게 들려?
How does that sound? 그거 어떻게 들려?

294. **If we're meant to meet again, we'll meet again.**
우리가 다시 만날 운명이라면 다시 만나게 될 거야.

295. **There's something missing.** 뭔가 빠졌어.
There's something important. 뭔가 중요한 일이 있어.

기타 유용한 할리우드 표현들

296. **My job sucks. It's got no benefits and no future.**
내 직업은 처참해. 혜택도 없고 미래도 없어.
My life sucks.
내 인생은 처참해.

297. **I have nothing to do with your silly war.**
난 당신의 어리석은 전쟁과는 아무런 상관이 없습니다.
I have nothing to do with that company.
난 그 회사와는 아무런 관련이 없습니다.

298. **Come on, Paul, it's time to go to church!**
자, 폴, 교회 갈 시간이다!
It's time to go to bed.
잘 시간이야.

299. **Only money brings you here?**
단지 돈 때문에 이곳에 왔습니까?
Only love brings you here?
단지 사랑 때문에 이곳에 왔습니까?

300. **What's the story?**
이야기가 어떻게 된 거야?
What's the difference?
차이가 뭐야?

기타 유용한 할리우드 표현들

301. **The thing is all the women he's been seeing are ugly.**
중요한 건 그 사람이 사귀는 모든 여자들이 못생겼다는 거야.
The thing is that I love you.
중요한 건 내가 널 사랑한다는 거야.

302. **Who do you think is the most beautiful woman in the world?**
당신은 이 세상에서 누가 가장 미인이라고 생각하십니까?
Who do you think is the most sexist woman in the world?
당신은 이 세상에서 누가 가장 매력적인 여자라고 생각하십니까?

303. **I didn't do anything wrong, Chuck.**
척, 난 아무런 잘못도 안 했어.

304. **I think you should go.**
난 네가 가야한다고 생각해.
I think you should say goodbye to them.
난 네가 그 사람들하고 결별해야 한다고 생각해.

305. **Don't forget to kill Philip!** 필립 죽이는 거 잊지 마!
Don't forget to lock the door. 문 잠그는 거 잊지 마.

306. **Prison life consists of routine.**
교도소 생활은 일상적인 일과로 짜여 있어.

기타 유용한 할리우드 표현들

Military life consists of routine.

군생활은 일상적인 일과로 짜여 있어.

307. **Do you enjoy working in the laundry?**

    세탁소 일 재미있습니까?

    Did you enjoy the party?

    파티 재미있었니?

308. **Captain, I'd like to apologize for what happened today.**

    반장님, 오늘 일어난 일에 대해 사과드립니다.

    Captain, I'd like to apologize for what I did this morning.

    반장님, 오늘 아침 저지른 일에 대해서 사과드립니다.

309. **Sir, Have you reached a decision?** 결정을 내리셨습니까?

    Have you reached an agreement? 합의점을 찾으셨습니까?

310. **You're the only one I ever loved.**

    당신은 내가 사랑한 유일한 사람입니다.

    You're the only man I ever kissed.

    당신은 내가 키스한 유일한 남자입니다.

311. **You must get tired of making love to women all day long.**

    당신 하루종일 여자들하고 섹스하는 거 지겨워지고 있지.

기타 유용한 할리우드 표현들

You must get tired of watching Cable TV's all day long.
하루종일 케이블 TV보는 거 지겨워지고 있지.

312. **When an Arab sees a woman he wants, he takes her.**
아랍 남자는 자기가 원하는 여자를 만나면 그 여자를 소유해버려.

313. **I just don't know whether it's good or bad.**
난 그게 좋은 건지 나쁜 건지 모르겠어.
I just don't know whether he's a good person or a bad person.
난 그 사람이 좋은지 나쁜지 모르겠어.

314. **You must play as if there's no tomorrow.**
내일은 없는 것처럼 경기해야 한다.
You must act as if you are my wife.
넌 네가 내 아내인 것처럼 행동해야 돼.

315. **Have you ever thought about my responsibilities?**
당신 내 책임에 대해 생각해본 적 있어?
Have you ever thought about committing suicide?
자살을 생각해본 적 있습니까?

316. **Great party. Isn't it?**   멋진 파티죠. 그렇지 않아요?
Nice car. Isn't it?   차 멋지죠. 그렇지 않아요?

기타 유용한 할리우드 표현들

317. **My name is Masamichi Fujisawa, pleased to meet you.**
   내 이름은 마사미치 후지사와입니다. 만나서 반가워요.
   My name is Bob Kang, pleased to meet you.
   내 이름은 밥 강입니다. 만나서 반가워요.

318. **You shouldn't have said that.**
   너 그거 말하지 말았어야 했는데.
   You shouldn't have left the company.
   넌 회사를 그만두지 말았어야 했는데.

319. **This could be the start of a whole new career.**
   이건 완전히 새로운 생애의 시작일 수도 있어.
   This could be the start of a whole new game.
   이건 완전히 새로운 상황의 시작일 수도 있어.

320. **Sounds like you're a brave war hero!**
   당신은 용감한 전쟁 영웅같이 들려!
   Looks like it's a brand new cell phone.
   새로 출시된 핸드폰같이 보이네.

321. **Foreplay's over, Justin. Time to fuck.**
   저스틴, 전희는 끝났고 이젠 섹스할 시간이야.
   Rehearsal's over. Time to perform.
   리허설은 끝났고, 공연할 시간이야.

기타 유용한 할리우드 표현들

322. **I couldn't be happier.** 더 이상 행복할 수 없습니다.

　　Couldn't be worse. 최악입니다.

323. **This is the 90's. Sex isn't safe any more.**

　　지금은 90년대예요. 섹스는 더 이상 안전하지 않습니다.

　　This is the 21st century. Marriage isn't important any more.

　　지금은 21세기예요. 결혼은 더 이상 중요하지 않아요.

324. **What has prison taught you, Billy?**

　　빌리, 교도소에서 뭘 배웠지?

　　What has military school taught you, Son?

　　아들아, 훈련소에서 뭘 배웠지?

325. **I did what I had to do.**

　　전 해야 할 일을 했습니다.

　　You gotta do what you gotta do.

　　할 일은 해야 한다.

326. **You can fuck me when you love me.**

　　넌 날 사랑하면 나하고 섹스할 수 있어.

　　You can marry me when you land a nice job.

　　넌 좋은 직장에 취직하면 나와 결혼할 수 있어.

327. **One of a kind.** 유일무이한 거야.

328. **She's on her honeymoon.** 그 여자 신혼여행 중이야.
    They went on a picnic. 그들은 소풍갔어.

329. **We went to high school together.** 우리는 고교동창입니다.
    They went to junior highschool together. 그들은 중학교 동창이야.

330. **From what I've seen, Paden doesn't seem to care about money.**
    내가 본 바로는 페이든은 돈에는 신경을 안 쓰는 것 같아.
    Judging from this, Mr. Cheong doesn't seem to care about money.
    이걸로 볼 때, 정씨는 돈에 신경을 안 쓰는 것 같아.

331. **I'll buy you a drink.** 내가 너한테 한잔 살게.
    I'll buy you a car. 차 한 대 사줄게.

332. **Sex makes people crazy.** 섹스는 사람들을 미치게 만들어.
    Sex makes women crazy. 섹스는 여자들을 미치게 만들어.

333. **I've liked you since the day I met you.**
    난 널 만난 이후부터 널 좋아해왔어.
    I've wanted you since the moment I saw.
    너를 본 순간부터 널 원해왔어.

기타 유용한 할리우드 표현들

334. **By the way, what brings you to Toronto?**
그건 그렇고 토론토는 어쩐 일로 오셨습니까?
By the way, why did you quit the company?
그건 그렇고 왜 회사를 그만뒀어요?

335. **What's this one about?** 이건 뭐에 관한 거죠?
What's this report about? 이 보고서는 무엇에 관한 것이죠?

336. **Did you go to law school, Harry?**
해리, 너 법대 나왔니?
Did you go to community college, Jay?
제이, 너 전문대 나왔니?

337. **I was wondering if I could fuck you.**
너하고 섹스할 수 있을지 궁금해서.
I was wondering if you could lend me some money.
난 네가 나한테 돈을 좀 꿔줄 수 있는지 궁금해.

338. **You own a church?** 교회를 소유하고 계십니까?
You own a theater? 극장을 소유하고 계십니까?

339. **What would you do if I told you I've been celibate for six months?**
내가 6개월 동안 금욕생활을 해왔다면 어떻게 하시겠습니까?

기타 유용한 할리우드 표현들

What would you do if I told you I haven't had a girlfriend for a decade.
내가 10년 동안 여자친구가 없었다면 어떻게 하시겠습니까?

340. **I love your sense of humor.**   전 당신의 유모감각을 무척 좋아해요.
I like his hairstyle.   난 그 사람의 헤어스타일을 좋아합니다.

341. **I'm counting on you.**   난 널 신뢰해.
I put confidence in you.   난 널 신뢰해.

342. **I can't live without you.**   난 너 없인 못 살아.
I can't live without women/men.   난 여자/남자 없인 못 살아.

343. **I'm gonna go call the cops.**   가서 경찰을 부르려고 해.
I'm gonna go find it.   가서 찾아보려고 해.

344. **I think she's got a big mouth.**   난 그 여자가 수다쟁이라고 생각해.
I think he's picky.   난 그 사람이 까다롭다고 생각해.

345. **Not too bad.**   그렇게 나쁘진 않아.
So so.   그저 그래.

346. **It's no big deal.**   그건 중요한 문제 아니야.
Money is no object.   돈은 문제가 안 돼.

기타 유용한 할리우드 표현들

347. **Have a drink, Sammy.** 새미, 한잔해.
 Would you like a drink? 한잔하시겠습니까?

348. **What does FBI stand for?** FBI는 무엇을 나타냅니까?
 What does AA stand for? AA는 무엇을 나타냅니까?

349. **At least we have something in common.**
 적어도 우리에겐 뭔가 공통점이 있어요.
 We speak the same language.
 우린 코드가 맞아.

350. **I'll keep that in mind.** 그거 명심하겠습니다.

351. **Do you have anything to declare?** 신고할 거 있습니까?

352. **I think you'd better hurry.**
 너 서두르는 게 좋겠어.
 I think you'd better surrender.
 너 항복하는 게 좋겠어.

353. **The one thing I can't do is hurry!**
 제가 할 수 없는 유일한 것은 서두르는 겁니다!
 The one thing I can't do is sing!
 내가 할 수 없는 유일한 것은 노래입니다.

기타 유용한 할리우드 표현들

354. **I'm depressed, Linus. I need an encouraging word to cheer me up.**

    리누스, 나 우울해. 내게 용기를 북돋아줄 말이 필요해.

    I'm so sad, Bob. I need an encouraging word to cheer me up.

    밥, 난 너무 슬퍼. 날 격려해주는 말이 필요해.

355. **My name is John Johnson but everyone here calls me Vicki.**

    제 이름은 존 존슨이지만 여기에 있는 모든 분들이 절 비키라고 불러요.

    My name is John Johnson but everyone here calls me JJ.

    제 이름은 존 존슨이지만 여기에 있는 모든 분들이 절 JJ라고 불러요.

356. **You ought to be ashamed of yourself.**

    넌 너 자신을 당연히 부끄러워해야 해.

    You ought to obey President's orders.

    대통령의 명령에 따르는 게 당연해.

357. **Answer me yes or no!**

    예스야, 노야, 대답해!

    Something or nothing?

    뭔가가 있는 거야, 아니면 아무것도 없는 거야?

358. **What do you look forward to?**   당신은 뭘 기대합니까?

    What do you expect?   뭘 기대합니까?

기타 유용한 할리우드 표현들

359. **We can't tell a book by its cover.**
   우리는 겉표지로 책을 판단해선 안 됩니다.
   We can't judge people by their looks.
   우린 사람들을 외모로 판단해선 안 됩니다.

360. **Is that some kind of threat?** 그건 모종의 위협인가요?
   Is that some kind of proposition? 그건 모종의 유혹인가요?

361. **That explains a lot about you, Ray.**
   레이, 그게 당신에 대해 많은 걸 설명해주지.
   That explains a lot about Japan, Jay.
   제이, 그건 일본에 대해 많은 걸 설명해주지.

362. **What are you worried about?** 뭘 걱정하시죠?
   What are you afraid of? 뭘 두려워하십니까?

363. **Stop worrying about money.** 돈 걱정하지 마세요.
   Stop talking about prostitution. 매춘에 대해 그만 얘기합시다.

364. **Have you anything else to say?**
   그 밖에 하실 말씀 있으세요?
   Anything else to comment?
   그 밖에 달리 언급할 게 있습니까?

기타 유용한 할리우드 표현들

365. **Don't you touch me!**

    나한테 손대지 마!

    Don't you seduce my girlfriend!

    내 여자친구를 유혹하지 마!

366. **Is sex the only thing that matters to you?**

    섹스가 당신에겐 유일하게 중대한 문제입니까?

    Is money the only thing that matters to you?

    돈이 당신에게 유일하게 중대한 문제입니까?

367. **You must be an expert at it.**

    당신은 그것에 대해 전문가임이 틀림없습니다.

    You must be an expert at editing.

    편집 전문가시군요.

368. **There's so many people I want to kill right now.**

    지금 난 죽이고 싶은 사람들이 많아.

    There are so many countries I want to visit.

    내가 방문하고 싶은 나라들이 많습니다.

369. **I am sure your advice is sound, however, I will ignore it.**

    너의 충고가 맞다고 확신하지만 난 그걸 무시해버리겠네.

    I'm sure your advice is sound, however, I won't take it.

    당신의 충고가 맞다고 확신하지만 난 그걸 받아들이지 않겠습니다.

기타 유용한 할리우드 표현들

370. **Are you afraid to die, Spartacus?**
 스파르타커스, 죽는 게 두렵니?
 Are you afraid to fight?
 싸우는 게 두렵니?

371. **Give my regards to your boss.**   당신 상사에게 안부 전해주세요.
 Give my regards to your parents.   네 부모님한테 안부전해 줘.

372. **What is that smell?**   무슨 냄새야?
 What's that racket?   왜 이렇게 시끄러워?

373. **Be prepared.**   준비해.
 Be seated.   앉으세요.

374. **How do you like your vacation so far?**
 지금까지 휴가가 어때?
 How do you like your stay here in New York?
 여기 뉴욕에서의 체류는 어떻습니까?

375. **I'm on my way to LA to meet with my wife.**
 난 지금 아내를 만나러 LA로 가는 중이야.
 I'm on my way to LA to meet with my daughter.
 내 딸을 만나러 LA로 가는 중이야.

376. **There's lots of happiness in working hard.**
 일을 하면서 많은 기쁨을 느낄 수 있는 거야.
 There's lots of opportunities in working abroad.
 해외근무하면서 많은 기회가 있는 거야.

377. **You trust me, don't you?**   너 나 믿지, 그렇지?
 You love me, don't you?   너 날 사랑하지, 그렇지?

378. **Excuse me, I'm looking for Mr. Ball's office.**
 저기요, 볼 씨 사무실을 찾고 있는데요.
 Excuse me, I'm looking for Professor Kang's office.
 저기요, 강 교수 사무실을 찾고 있는데요.

379. **Can't we discuss it over coffee?**
 우리 그 문제를 커피 마시면서 논의하는 게 어때?
 Can't we discuss it over Soju?
 우리 소주 마시면서 논의하는 게 어때?

380. **Where did you two meet?**
 너희 둘은 어디에서 만났어?
 How did you meet your wife?
 부인을 어떻게 해서 만나게 되었죠?